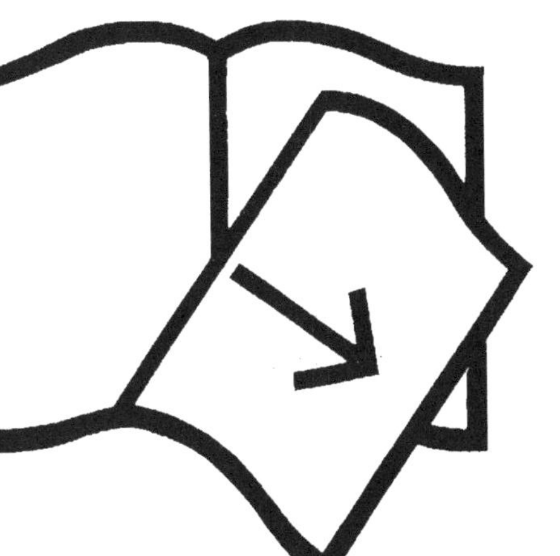

Documents manquants (pages, cahiers...)

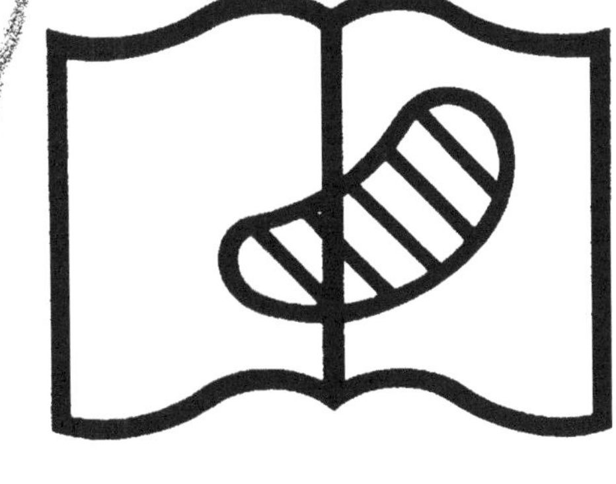

Original illisible

Georges SOREL

La Décomposition
du Marxisme

PARIS
LIBRAIRIE DES SCIENCES POLITIQUES & SOCIALES
Marcel RIVIÈRE
3o, rue Jacob

1908

TABLE DES MATIÈRES

Avant-propos...................................... 3

I. — Formation des utopies. — Passage aux réformes
sociales avant 1848. — Ascension des ouvriers à la
petite bourgeoisie par l'association de production et
par le trade-unionisme. — La paix sociale dans
Vidal et dans Considérant........................ 13

II. — Lutte des pauvres contre les riches. — Les blanquistes. — Intervention des partis. — L'État populaire
et ses *machines*. — Souvenirs de la Révolution : identification établie entre le régime féodal et le capitalisme. — Ascension du prolétariat à la bourgeoisie
par l'autorité.................................... 21

III. — Dualisme dans le *Manifeste Communiste* ; mesures
révolutionnaires et théories voisines de celles des
utopistes. — Craintes qu'éprouvait Bernstein au sujet
de la capacité politique de la social-démocratie. —
Abandon du marxisme par les politiciens........... 28

IV. — Différences entre Marx et les utopistes. — Pas
de critique juridique de la propriété privée. — Sophismes de Thompson et de Pecqueur. — Organisation de la production réalisée par le capitalisme. —
Régularisation des salaires par l'équilibre économique. — Travail futur fondé sur les usages légués
par le capitalisme................................ 34

V. — Ce qu'il y a d'essentiel dans les notions révolutionnaires de Marx : idée de classe. — Théorie ancienne de la destruction de l'État. — Les intellectuels. — Analogie de la révolution blanquiste et de
la théorie hégélienne, d'après Bernstein ; leurs différences. — Les mythes sociaux..................... 45

VI. — Renaissance de l'idée révolutionnaire : rôle de
F. Pelloutier. — Réaction du syndicalisme sur les
marxistes. — Épuration du marxisme. — Grève générale. — La démocratie et le trade-unionisme protégé.
— Impossibilité de prévoir l'avenir. — Les renaissances.. 56

AVANT-PROPOS

Pendant longtemps, les écrivains socialistes ont cru que Marx avait créé un corps de doctrines au moyen desquelles on pouvait atteindre ce triple résultat : démontrer que les attaques dirigées contre le capitalisme par les classes ouvrières sont les conséquences scientifiques d'une analyse de la production ; fonder sur la philosophie la confiance dans une révolution très prochaine, qui remplacerait le capitalisme par le communisme ; trouver, dans une investigation nouvelle de l'histoire, des règles propres à diriger, d'une manière très sûre, la politique des partis révolutionnaires. En Allemagne, on regardait le système marxiste comme étant au-dessus de toute critique ; la faiblesse des arguments que les professeurs des Universités allemandes avaient opposés au marxisme, justifiait, dans une certaine mesure, l'orgueil de ses partisans.

Dans un livre publié en 1886, et qui a fait « autorité dans la science », d'après Ch. Andler (1), un professeur célèbre de Vienne reprochait à Marx et à Engels de ne pas avoir décrit le monde qu'ils aspiraient à voir se réaliser : « Je considère, disait-il, l'exposé d'un état social parfait, non seulement comme *tout à fait scientifique*, mais même comme indispensable, si le mouvement socialiste doit atteindre ses buts, même en partie seulement (2) ». Il est évident qu'en Autriche, on entend encore le mot *scientifique* dans un sens archaïque qu'on ne lui connaît plus en France ; il n'existe aucun moyen

(1) Anton MENGER, *Le droit au produit intégral du travail*, trad. franç., p. I.

(2) Anton MENGER, *op. cit.*, p. 150.

de produire un pareil tableau d'avenir sans tomber dans les fantaisies ou même dans l'absurde.

« Aucune critique, si exacte soit-elle, des institutions existantes, écrivait-il encore, n'est *justifiée,* aussi longtemps qu'on n'a pas montré suffisamment la possibilité d'un état meilleur... Les nations ne se décideront jamais à une expérience sociale profonde, si on n'a pas construit d'abord une théorie de droit public socialiste, d'après des données conformes à l'expérience (1). » L'auteur prendrait-il les socialistes pour des étudiants auxquels il aurait à faire passer un examen ? Sans attendre sa permission, les classes ouvrières sont entrées en lutte contre les institutions existantes ; elles ne font pas une critique, mais un siège ; les classes possédantes font fabriquer par leurs publicistes des théories de droit public destinées à excuser leurs capitalisations ; ce sont ces publicistes de la défaillance bourgeoise qui transforment une guerre très réelle en une discussion idéologique — dont les socialistes, interprètes du prolétariat, ne se soucient guère.

Ces malencontreux marxistes ont même poussé la méchanceté jusqu'à ne pas tenir compte des principes qui ont été regardés comme essentiels à tout socialisme par Anton Menger : celui-ci ne peut pas arriver à savoir « si c'est le droit au produit intégral du travail ou le droit à l'existence qui doit former la base de l'organisation juridique future (2). » En 1886, on ne connaissait pas encore la lettre de Marx sur le programme de Gotha ; si notre auteur avait pu soupçonner que, suivant Marx, les salaires devraient être réglés, après la révolution sociale, suivant des principes empruntés au régime capitaliste, il aurait rayé Marx de la liste des écrivains socialistes. On ne saurait, en effet, être socialiste, si on formule des opinions qui ne cadrent pas avec les classifications établies par un professeur aussi notable qu'Anton Menger.

(1) Anton MENGER, *op. cit.*, p. 157.

(2) Anton MENGER, *op. cit.*, p. 144 et pp. 147-148.

Par suite de leur goût pour les recherches bibliographiques, les professeurs allemands s'occupaient beaucoup de rechercher les sources auxquelles pouvaient avoir puisé Marx et Engels. Celui-ci ayant affirmé que son ami avait renouvelé le socialisme en y introduisant la théorie de la plus-value et la conception matérialiste de l'histoire (1), Anton Menger s'efforce d'établir qu'Engels était mal renseigné sur les anciens écrivains socialistes (2), que William Thompson est le véritable inventeur de la plus-value (3) et qu'il faut être « un ignorant ou un charlatan » pour attribuer à Marx une doctrine empruntée à des prédécesseurs qui l'ont parfois dépassé « en profondeur et en pénétration » (4). Tout le monde sait combien les discussions relatives aux priorités scientifiques engendrent de polémiques violentes et combien elles sont peu capables d'éclairer les principes.

La stérilité de la critique allemande a été constatée par un écrivain plein de tact et de finesse, Benedetto Croce, qui félicite Werner Sombart d'avoir, en 1894, rompu avec les usages de ses collègues universitaires et cherché vraiment à pénétrer la pensée intime de Marx (5).

Il faut reconnaître que le système de Marx présente des difficultés considérables pour la critique, parce que l'auteur n'en a point donné un exposé didactique. Benedetto Croce dit que *le Capital* est un « mélange bizarre de théories générales, de polémiques et de satires amères, d'illustrations et de digressions historiques » (6).

(1) Anton MENGER, *op. cit.*, pp. 113 et 138. A. Menger ne cherche pas les sources de la conception matérialiste de l'histoire, qui lui semble fausse (p. 170).

(2) Anton MENGER, *op. cit.*, p. 74 et p. 133.

(3) Anton MENGER, *op. cit.*, p. 78, p. 114, pp. 137-138.

(4) Anton MENGER, *op. cit.*, p. 3.

(5) Benedetto CROCE. *Matérialisme historique et économie marxiste*, trad. franç., p. 99.

(6) Benedetto CROCE, *op. cit.*, p. 94., cf. pp. 129-132.

Il faut aller chercher la pensée de l'auteur, et ce travail n'est pas sans offrir de multiples causes d'erreur. On a souvent accordé trop de portée à de brèves réflexions qui surgissent au milieu de récits, qui, « prises rigoureusement, sont inexactes, et qui nous semblent (elles le sont, en effet) chargées et pleines de vérités (1). ». Il faut un véritable travail d'interprétation lorsque les formules de Marx sont données, comme cela arrive parfois, sous une forme satirique. Enfin, nous trouvons çà et là de grandes images dont le sens paraît avoir longtemps échappé aux marxistes et qui prennent, aujourd'hui seulement, toute leur valeur, depuis que le syndicalisme révolutionnaire nous montre ce qu'est la lutte de classe.

L'attitude des disciples de Marx a beaucoup contribué à rendre stérile toute critique; c'est qu'en effet, celle-ci s'exerce d'ordinaire sur les développements que l'école donne à la doctrine d'un maître, plutôt que sur cette doctrine elle-même; il se trouve que les marxistes, au lieu de développer l'œuvre magistrale, se sont livrés à de si nombreuses fantaisies, que les gens sérieux ne les ont pas, généralement, considérés comme des interprètes autorisés de Marx. Celui-ci est donc demeuré isolé.

Personne n'a songé à croire, par exemple, que le matérialisme historique puisse consister dans les paradoxes, les drôleries ou les naïvetés que Paul Lafargue a écrites sur les origines du droit, de la morale ou des religions (2). Marx n'aurait jamais songé que « le pan-

(1) Benedetto CROCE, *op. cit.*, p. 130.

(2) Le chef-d'œuvre du genre est, je crois, l'article sur le *mythe de l'immaculée conception*, inséré dans le *Devenir social* de mai 1896. L'auteur ne parle pas d'ailleurs de l'immaculée conception de la Vierge, exempte du péché originel, mais de la naissance virginale du Christ. Il nous apprend aux dernières lignes que dans un concile, « à la majorité d'une voix, l'Église chrétienne, fondée sur l'*antique mythe féminin de l'immaculée conception*, décida que la femme avait une âme tout comme l'homme ». Il possède évidemment un recueil spécial des conciles.

théisme et la transmigration des âmes de la Kabbale sont des expressions métaphysiques de la valeur des marchandises et de leur échange (1) ». Étonné du peu de bruit que font ses découvertes, Paul Lafargue a déclaré que, par suite de l'ignorance et des préjugés des historiens bourgeois, les socialistes ont le « monopole » du matérialisme historique (2). Kautsky a publié, dans la revue officielle de la social-démocratie, presque toutes les facéties que Paul Lafargue a ainsi presentées comme des applications du marxisme, et il leur a accordé une véritable approbation qui n'a pas peu contribué à faire regarder l'école marxiste comme ridicule.

Constatant que les hommes compétents séparaient si complètement Marx et ses disciples, ceux-ci en vinrent à supposer que leur maître devait occuper dans l'histoire de la pensée humaine un rang tout à fait extraordinaire; on le regarda, par exemple, comme le seul homme qui eût mérité d'occuper la place abandonnée par Hegel (3), à titre de souverain arbitre de la philosophie. Aussi Ch. Bonnier écrivait en 1895 : « Un reproche que l'on fait souvent aux socialistes, c'est que ni Marx, ni le *Capital* n'aient encore trouvé de successeur; cela prouve l'incapacité de notre époque à comprendre aussi bien l'histoire de la philosophie que la philosophie de l'histoire. De même que Hegel n'a trouvé de successeur que vers le milieu de ce siècle, de même n'apparaîtront les successeurs de Marx et d'Engels que lorsque

(1) *Devenir social*, août 1895, p. 477. Benedetto Croce a relevé beaucoup de bévues commises par Paul Lafargue dans cet article sur Campanella; on peut y ajouter celle-ci : l'auteur prend pour un masculin singulier le mot *Sephiroth* qui est un féminin pluriel.

(2) P. LAFARGUE, *La méthode historique de Karl Marx*, p. 4. Lire dans une note de la page 14 d'amusantes réflexions sur « les *grues* métaphysiques et éthiques, la Justice, la Liberté, la Patrie, qui font le trottoir dans les discours académiques et parlementaires, les programmes électoraux et les réclames mercantiliques ».

(3) Sur les analogies de Marx et de Hegel, cf. Benedetto CROCE, *op. cit.*, pp. 134-136.

la période du capitalisme sera terminée (1) ». En atten-
dant, il fallait prendre son parti de la stérilité de l'école
marxiste. Plus curieuse encore est cette phrase de
Paul Lafargue : « Il est hardi, même pour la mettre
hors de contestation, de toucher à l'œuvre [de Marx
et d'Engels] de ces deux géants de la pensée, dont
les socialistes des deux mondes n'auront peut-être, jusqu'à la transformation de la société capitaliste, qu'à
vulgariser les théories économiques et historiques (2) ».

Ces sentiments d'humilité religieuse que Paul Lafargue
exprimait si naïvement, paraissent avoir existé chez un
très grand nombre de marxistes et les avoir empêchés
de suivre les excellents conseils que leur donnait
Benedetto Croce, en 1897 : « Débarrasser la pensée de
Marx de la forme littéraire qu'il lui a donnée ; étu-
dier à nouveau et complètement les questions qu'il s'est
posées ; leur donner des formules nouvelles et plus
précises, de nouveaux développements et de nouvelles
illustrations historiques » (3). Il aurait fallu, pour remplir ce programme, une grande indépendance d'esprit ;
les marxistes aimaient mieux faire des résumés qui
semblaient à Benedetto Croce plus obscurs que le texte
du maître. On peut remarquer, dans une très grande
partie de la littérature marxiste, un effort constant pour
reproduire des phrases du *Capital*, en sorte qu'on
croirait quelquefois que ces auteurs sont plus familiers
avec les livres des liturgistes qu'avec les méthodes
scientifiques modernes.

L'école marxiste se trouvait ainsi caractérisée par des
fantaisies visiblement étrangères au système de Marx, et
par un immobilisme tenant de la servilité. La doctrine
pouvait donc paraître toujours intacte au milieu de
l'écoulement universel, parce que la vie se retirait
d'elle de plus en plus ; on aurait pu comparer, il y a
dix ans, le marxisme à un très vieil arbre dont l'écorce

(1) *Devenir social*, juillet 1895, p. 370.

(2) *Devenir social*, avril 1897, p. 290.

(3) Benedetto CROCE, *op. cit.*, p. 114.

durcie enveloppe un cœur vermoulu. C'est alors que Ch: Andler annonça que le moment était venu d'écrire l'histoire de la décomposition du marxisme ; mais Bernstein venait de faire de hardies tentatives pour rendre la vie à l'arbre, dont la fin n'était pas aussi prochaine que pensait le professeur français.

Marx avait écrit le *Capital* au moyen d'observations faites sur l'Angleterre ; mais durant les trente années qui avaient suivi cette publication, bien de grands changements s'étaient produits dans l'industrie, dans la politique et dans la vie anglaises ; le meilleur moyen à employer pour rajeunir le marxisme semblait être de reprendre les enquêtes au point où le maître les avait laissées, et de compléter le *Capital* en raison du développement des classes ouvrières d'Angleterre. Dans la préface de son livre, Marx avait dit aux Allemands qu'ils devaient aller chercher dans la patrie du capitalisme les tendances fondamentales qui caractérisent le régime moderne ; il avait même écrit cette phrase que l'on a si souvent reproduite, comme une loi historique incontestable : « Le pays le plus développé industriellement montre à ceux qui le suivent sur l'échelle industrielle, l'image de leur propre avenir ».

Le phénomène qui frappe le plus l'observateur de l'Angleterre contemporaine est évidemment le trade-unionisme. Bernstein, en regardant cette forme d'organisation syndicale comme étant appelée à s'imposer à tous les pays qui marchent sur la voie du capitalisme, Bernstein croyait être fidèle à la méthode de Marx ; mais les représentants officiels de l'école n'admettaient pas qu'on pût être assez hardi pour reconnaître, grâce à cette méthode, des faits contraires à la thèse de la lutte de classe. Le trade-unionisme a pour objet de régler à l'amiable les conflits qui se produisent entre patrons et travailleurs ; s'il doit se généraliser, il devient impossible de dire que le mécanisme de la production capitaliste aggrave les conflits industriels au point de les transformer en lutte de classe. Les anciens amis de Bernstein, ne pouvant s'expliquer comment celui-ci avait pu se mettre à observer pour compléter l'œuvre de son maître, au lieu de faire comme eux des résumés de résumés, pensèrent qu'un tel scandale devait tenir à des causes très impures ; ils accusèrent Bernstein d'avoir été acheté par les capitalistes. Je ne veux pas insister sur ce vilain chapitre de l'histoire de la social-démocratie.

Bernstein, persuadé qu'il était demeuré fidèle à l'esprit de Marx, chercha à expliquer comment le développement de la doctrine du maître avait pu le conduire à des résultats si contraires aux thèses enseignées dans l'école ; il fut ainsi amené à se demander si le marxisme ne renfermerait pas des principes contradictoires, parmi lesquels il s'en trouverait qui correspondraient à ses nouvelles doctrines. Il proposa en 1899 une théorie sur laquelle l'attention ne me semble pas avoir été assez portée.

Il y aurait eu, suivant lui, dans le socialisme moderne, deux courants principaux : « L'un, *constructif*, continue les idées de réforme exposées par des penseurs socialistes ; l'autre emprunte ses inspirations aux mouvements populaires révolutionnaires et ne vise, de fait, qu'à *détruire*. Suivant les possibilités du moment, l'un apparaît comme *utopique, sectaire, pacifiquement évolutionniste*, l'autre comme *conspirateur, démagogique, terroriste*. Plus nous approchons des temps présents, plus catégorique est le mot d'ordre : ici, émancipation par *l'organisation économique* et là émancipation par *l'expropriation politique*... La théorie marxiste chercha à combiner le fonds essentiel des deux courants... Mais cette combinaison ne signifiait pas la suppression de l'antagonisme ; elle était plutôt un compromis tel qu'Engels le proposait aux socialistes anglais dans son écrit, *La situation des classes ouvrières* : subordination de l'élément spécifiquement socialiste à l'élément politico-radical et socialo-révolutionnaire. Et qu'elle qu'ait été l'évolution effectuée au cours des années par la théorie marxiste, elle n'a jamais su se défaire de ce compromis, ni de son dualisme (1) ».

(1) Ed. BERNSTEIN, *Socialisme théorique et social-démocratie pratique*, trad. franç., pp. 53-54.

Cette manière de concevoir les choses indignait fort
Kautsky, qui répondait, peu après, que Marx avait
réconcilié le socialisme utopique et le mouvement
révolutionnaire en une unité plus haute; qu'il n'y avait,
en conséquence, ni dualisme, ni compromis; que la
prétendue découverte de Bernstein avait seulement
pour but d'enlever au marxisme son esprit révolutionnaire qui constitue sa vie. Le seul dualisme que l'on pût
reconnaître dans l'activité de Marx et d'Engels, consis-
terait en ce qu'ils furent à la fois hommes de science et
hommes de lutte : l'homme de science pèse le pour et
le contre, avant de prendre une résolution, tandis que
l'homme de lutte est obligé d'agir sans avoir eu toujours
le temps de réfléchir longuement. « Ce n'est pas apprécier de tels hommes avec l'impartialité de l'histoire que
de déduire de la dualité de leurs fonctions, des contradictions dans leurs théories ou même des fautes d'ordre
intellectuel » (1).

Kautsky était persuadé que Marx avait si bien utilisé
les recherches et les hypothèses faites avant lui, qu'il
était parvenu à la vérité scientifique ; reconnaître que
le marxisme eût soudé artificiellement deux systèmes
contradictoires, c'était avouer qu'il y avait quelque
chose d'insuffisant dans la doctrine ; pour rien au monde,
Kautsky n'aurait consenti à prononcer un pareil blas-
phème. La social-démocratie aurait donc commis, suivant lui, une grave imprudence si elle s'était engagée
dans des voies nouvelles qui menaient on ne savait où,
au lieu d'appliquer toute son intelligence à défendre
les principes certains qu'elle avait reçus.

Les idées de Bernstein furent accueillies avec beaucoup de faveur par les gens qui désiraient voir le
marxisme échapper à cet immobilisme dans lequel
Kautsky prétendait le retenir ; en signalant l'incohérence des systèmes, Bernstein montrait la nécessité de
chercher de nouveaux équilibres, toujours instables et
provisoires, entre les tendances fondamentales du socia-

(1) KAUTSKY, *Le marxisme et son critique Bernstein*, trad. franç.,
pp. 69-70.

lisme moderne ; ainsi la vie était introduite dans une doctrine jusqu'alors condamnée à la stérilité.

En France, l'étude des organisations syndicales à conduit à se demander s'il n'y aurait pas lieu de considérer une décomposition du marxisme autre que celle que Bernstein a examinée. Ce que le marxisme a emprunté aux anciennes tendances socialistes constitue ce qui frappe le plus ; mais il se pourrait que Marx eût ajouté quelque chose, qui constituerait ce que j'appellerai le marxisme de Marx ; cette partie est demeurée cachée longtemps parce qu'il n'y avait pas encore d'organisations ouvrières importantes qui lui correspondissent, et Bernstein ne l'a pas reconnue parce qu'il ne connaît bien que l'Angleterre et l'Allemagne. Je me propose de montrer ici comment je conçois cette nouvelle manière de comprendre la décomposition du marxisme.

I

**Formation des utopies. — Passage aux réformes
sociales avant 1848. — Ascension des ouvriers
à la petite bourgeoisie par l'association de production et par le trade-unionisme. — La paix
sociale dans Vidal et dans Considérant.**

a) Les écrivains auxquels on donne le nom d'utopistes, faisaient constamment appel aux sentiments
de justice quand ils prônaient des reconstructions de
la société. Dans toute organisation réelle il y a des
situations pour lesquelles le droit établi blesse l'opinion ; il ne peut en être autrement ; si perfectionné
que soit un système juridique, il ne saurait s'appliquer parfaitement à tous les cas — pas plus que la
science ne saurait être parfaitement adéquate à la
nature. On ne pourrait créer une fausse identification
qu'en introduisant de la souplesse dans un système
dont le caractère est d'être rigide : de l'arbitraire
dans le droit et de l'empirisme dans la science.
Lorsque l'opinion est fortement saisie de cas anor-
maux, elle exige qu'il soit procédé à un changement
des règles juridiques, en vue de faire disparaître
la discordance qui la choque ; c'est ainsi que les
réformes sont exécutées en vue d'accroître le respect
pour le droit et de consolider le système existant.
Par exemple, bien que toutes nos législations
matrimoniales soient fondées sur la doctrine ecclé-
siastique du mariage, qui proclame l'indissolubilité
de l'union sexuelle, il a bien fallu admettre que certains cas exigeaient la séparation des époux ; de nos
jours les gens de lettres ont si fort insisté sur certains inconvénients de cette séparation que l'on a
adopté en France une loi sur le divorce, qui a semblé

à beaucoup de personnes nécessaire pour renforcer le respect dû au mariage.

Comme ce sont surtout les gens de lettres qui agissent ainsi sur l'opinion et lui signalent les méfaits qui résultent de l'application de certaines règles, on peut dire qu'il y a toujours à côté de la justice des juristes une justice romanesque, pleine d'arbitraire et de paradoxe, dans laquelle peuvent puiser tous les hommes qui ont du goût pour imaginer des changements sociaux. Les utopistes ne se rendent pas compte que la contradiction est la condition du mouvement historique du droit; ils y voient la preuve d'une erreur commise sur les principes qui gouvernent l'ensemble de la société; ils cherchent à créer un monde tout à fait logique; mais leurs adversaires n'ont pas de peine à montrer que leurs projets engendreraient des conséquences qui choqueraient bien plus fréquemment nos sentiments que ne les choquent les usages actuels. La moindre réflexion suffirait pour montrer qu'il ne peut en être autrement, parce qu'une société serait composée d'aliénés, si ses idées n'étaient pas en général conformes à ses usages.

Les raisonnements des réformateurs sociaux paraissent d'autant plus sérieux qu'ils portent davantage sur des détails, parce qu'ils perdent ainsi le caractère paradoxal des utopies; les analogies au moyen desquelles ils imaginent le tableau du monde sont d'autant plus faciles à admettre que ce tableau diffère moins de celui que l'on voit sous ses yeux; les projets semblent d'autant plus pratiques qu'ils sont donnés comme étant favorables au plus grand nombre d'intérêts existants. Il doit donc arriver un jour où les écoles sociales, poussées par le désir d'obtenir toujours un plus grand succès, limitent leurs ambitions à propager l'idée des réformes; c'est alors qu'elles parviennent à saisir le plus fortement l'opinion publique.

Les grands utopistes du xix° siècle eurent tous pour successeurs des hommes qui abandonnèrent les ambitions primitives des fondateurs pour des réformes, c'est-à-dire pour adopter une attitude conservatrice. Je signale à ce sujet une page curieuse de cette lettre de Proudhon à Considérant que l'on appelle *Avertissement aux propriétaires*; cette lettre est du 1er janvier 1842; à ce moment le fouriérisme avait fait son évolution, comme l'expose fort bien Proudhon : « Fourier déclare qu'il est nécessaire, au début des études et des expériences sociétaires, de se placer tout à fait en dehors des idées civilisées et de rompre brusquement avec toutes les notions anté-harmoniennes; c'est ce qu'il appelle *procéder par grand écart*, d'un terme emprunté aux voltigeurs de corde... Quoi ! cet immense travail de l'humanité serait non avenu, l'histoire n'aurait aucun sens et tout ce mouvement n'aurait été qu'une longue déception ! Vous-même ne le pensez pas, monsieur le rédacteur ; sinon je vous demanderai ce que signifie cet écrit sur *la politique générale*, qui a produit une si vive impression, et dans lequel vous vous montrez profond socialiste, parce que vous restez dans les données de la société actuelle (1). »

Peu de temps avant la révolution de 1848, un des hommes qui devaient le plus marquer à l'assemblée du Luxembourg, F. Vidal, terminait son livre célèbre sur la *Répartition des richesses*, par des réflexions qui montrent bien à quelles conséquences avaient abouti tant d'utopies développées depuis plus de trente ans :

(1) Proudhon, *Œuvres* (tome II, pp. 55-56). En fait, Fourier procédait comme tous les utopistes et puisait ses idées paradoxales dans le monde contemporain.

« La véritable question aujourd'hui se réduit à chercher comment il serait *possible de neutraliser en partie* les funestes effets de nos institutions économiques ; à examiner le parti que l'on pourrait tirer, en 1846, avec nos lois, nos mœurs et nos préjugés, des principes d'association et d'organisation appliqués, comme *palliatifs*, au soulagement de la misère, à l'amélioration du sort de ces milliers de nos semblables qui ne peuvent attendre patiemment l'avenir et se nourrir d'illusions, qui demandent à gagner leur vie en travaillant et qui pourraient largement produire au-delà de leurs besoins si l'on savait utiliser leurs bras, si l'on voulait leur fournir, à titre de prêt, les premières avances et les instruments nécessaires. Nous voilà certes bien loin du pays des utopistes ! Ainsi posé, le problème se trouve singulièrement circonscrit ; et des hauteurs de l'idéal, nous retombons brusquement sur la terre, sous l'empire de la réalité et de la nécessité. C'est un tout autre monde ; mais enfin c'est celui où nous sommes condamnés à vivre : il faut nous y résigner ! (1) »

Nous venons de voir se produire une évolution, qui semble nécessaire, de l'utopie à la pratique ; cette évolution peut être encore regardée comme se produisant de l'imagination à l'intelligence, du romanesque au droit, de l'absolu au relatif, de la simplicité à la complexité (2).

Les réformateurs sociaux espéraient amener tous les partis à accepter leurs projets ; F. Vidal prétendait que les économistes les plus intelligents étaient ébranlés, qu'on parlait dans les chaires officielles d'association et d'organisation, que les doctrines

(1) F. Vidal, *De la répartition des richesses*, p. 471-472.

(2) Cf. *Insegnamenti della economia contemporanea*, p. 97.

négatives de l'école dite libérale étaient abandon-
nées. « Les socialistes ne veulent point transformer
d'un seul coup la société, bouleverser le monde ; leur
prétention serait de le convertir (1). » Pendant assez
longtemps, on avait imaginé qu'il n'y avait pas de
meilleur procédé à employer pour soulager la misère
que celui qui consistait à faire appel à la justice : les
hommes de toutes les classes pourraient se mettre
d'accord sur le bien, tandis qu'ils peuvent différer sur
l'utile ; c'est maintenant une théorie industrielle que
les écrivains réformateurs espèrent faire adopter
pratiquement.

b) F. Vidal aboutissait à chercher les moyens de
fournir aux travailleurs les instruments et les avances
indispensables ; il s'agissait donc de mieux organiser
le travail, et tel avait été déjà le but qu'avaient pour-
suivi tous les utopistes depuis Fourier et Saint-Simon.

Le premier croyait avoir trouvé un moyen de rendre
les ouvriers plus attentifs à leur besogne ; le second
voulait placer à la tête de toutes grandes entreprises
des spécialistes particulièrement capables. Plus tard
on espéra que les associations ouvrières (que l'on
nomme aujourd'hui coopératives de production) don-
neraient la solution pratique du problème économique.
Pendant longtemps, on a vanté la participation aux
bénéfices comme un moyen de créer une économie
d'ordre supérieur, qui assurerait à la grande industrie
les avantages que la petite avait retirés de l'intérêt
pris par d'anciens ouvriers devenus patrons à la réus-
site de leurs affaires ; il semblait à beaucoup de personnes que la participation aux bénéfices réussirait
là où l'association ouvrière semblait incapable de
prospérer.

____

(1) F. VIDAL, *op. cit.*, pp. 464-465.

2

Aujourd'hui les fabricants de réformes sociales seraient assez disposés à admettre que le contrat collectif renferme une vertu mystérieuse analogue à celle que L. Blanc attribuait à l'association et dont Proudhon se moquait tant. Les ouvriers, par le seul fait qu'ils traiteraient en se servant de l'intermédiaire d'un syndicat, acquerraient une plus haute place dans le monde économique, deviendraient plus capables et auraient droit à une meilleure rémunération. On a parfois comparé le syndicat à un banquier, qui élève d'autant plus ses prétentions que l'industrie est armée d'un outillage plus puissant et qu'elle peut ainsi obtenir des extra-profits plus gros : le contrat collectif serait donc une sorte de commandite portant sur la main-d'œuvre, tandis que la commandite du Code de commerce porte sur de l'argent.

Si vraiment le trade-unionisme produisait les résultats que lui attribuent ses défenseurs, il aurait la double conséquence de développer le sentiment de responsabilité chez l'ouvrier et aussi de donner à celui-ci une place juridique plus voisine de celle qui appartient au propriétaire dans la tradition. Ainsi il y aurait progrès économique et progrès juridique : il ne serait donc plus exact de dire, comme le faisaient Marx et Engels dans le *Manifeste du parti communiste* : « Le serf, malgré son servage, s'était élevé au rang de membre de la commune ; le petit bourgeois était devenu bourgeois malgré le joug de l'absolutisme féodal. L'ouvrier moderne, au contraire, au lieu de s'élever par le progrès de l'industrie, descend de plus en plus au-dessous de la condition de sa propre classe (1). »

c) C'est l'ascension vers la bourgeoisie qui a surtout

(1) *Manifeste communiste*, trad. ANDLER, pp. 39-40.

frappé Paul de Rousiers dans ses voyages en Angleterre et en Amérique ; je crois que c'est cette observation qui est à la base de tous les jugements favorables qu'il porte sur le trade-unionisme ; il lui semble que le gouvernement anglais a suivi une sage politique en nommant juges de paix des secrétaires de syndicats et en travaillant ainsi à faciliter la constitution d'une aristocratie ouvrière qui entre de plainpied dans les cadres de la société ancienne (1).

Dans l'ouvrage cité plus haut, F. Vidal exprimait très nettement les intentions conciliantes de ses contemporains : « Les socialistes ne poussent pas à la guerre sociale ; ils voudraient, au contraire, la prévenir ; ils demandent des réformes pour conjurer les révolutions. Loin de provoquer à la haine entre les diverses classes de citoyens, ils prêchent la concorde et l'association (2). » — « Lisez les journaux populaires : tous prêchent la paix, l'ordre, l'union, la tolérance, la véritable charité ; tous s'efforcent de moraliser le peuple, de développer en lui le cœur et l'intelligence, les plus nobles facultés, les plus généreux sentiments ; tous proclament avec générosité le respect dû aux intérêts existants ; tous maudissent la paresse et glorifient le travail. Les journaux rédigés par les ouvriers ont transformé les prolétaires, ils ont plus fait que tous les professeurs de morale ! Ces ouvriers, autrefois indisciplinables et impatients de toute autorité, comprennent aujourd'hui la nécessité de l'ordre, de la hiérarchie, de la discipline (3). »

Ainsi les socialistes de ce temps se donnaient comme les professeurs de paix sociale. On trouve le

(1) DE ROUSIERS, *Le trade-unionisme en Angleterre*, p. 309.

(2) F. VIDAL, *op. cit.*, p. 465.

(3) F. VIDAL, *op. cit.*, p. 467.

même accent dans le *Manifeste de la Démocratie*
publié par Considérant (1). L'auteur entendait donner
à ses lecteurs contemporains le moyen de faire disparaître les causes des conflits économiques ; il voulait
que le droit se substituât graduellement à la force et
l'industrie à la guerre ; il espérait voir se réaliser le
régime démocratique et chrétien qui n'avait été encore
reconnu que sous une forme abstraite, dans la pro-
clamation de la liberté et de l'égalité ; il s'agissait de
faire disparaître une oligarchie qui écrasait non seulement le prolétariat, mais encore la bourgeoisie et
dominait déjà le gouvernement (2). « Heureusement
les rangs de la bourgeoisie sont nombreux et les in-
telligences s'y éveillent ; le sentiment des misères
matérielles et morales des classes ouvrières et de la
nécessité d'y porter remède s'y fait jour ; la charité
sociale les pénètre et les échauffe ; et les classes
bourgeoises commencent d'ailleurs à voir qu'elles ne
sont pas moins intéressées que les prolétaires à l'introduction des garanties dans l'ordre industriel et à la
résistance aux envahissements de l'aristocratie financière (3). »

Les auteurs modernes qui s'occupent de réforme
sociale n'ont pas ajouté grand'chose à ce qu'avaient
fait les anciens socialistes ; ils ont seulement rem-
placé l'apologie de l'association par l'apologie du
trade-unionisme ; peut-être même sont-ils moins
scientifiques que n'étaient leurs prédécesseurs, parce
que les utopistes espéraient tous que leurs recettes
produiraient un grand essor de la production, tandis
que les réformateurs contemporains sont beaucoup

(1) Ce document a été reproduit dans la revue l'*Ère nouvelle*, février 1894.

(2) *Ère nouvelle*, pp. 177-178.

(3) *Ere nouvelle*, p. 172.

moins préoccupés du progrès économique ; on pourrait dire que par là les utopistes se rapprochent du
marxisme, mais ils en diffèrent en ce qu'ils croient
devoir donner des plans pour diriger l'industrie,
tandis que le marxisme croit que celle-ci se dirige
très bien elle-même.

II

**Luttes des pauvres contre les riches. — Les blan-
quistes. — Intervention des partis. — L'État
populaire et ses *machines*. — Souvenirs de la
Révolution : identification établie entre le
régime féodal et le capitalisme. — Ascension
du prolétariat à la bourgeoisie par l'autorité.**

a) Venons maintenant au deuxième élément qui
est entré dans le socialisme moderne, à l'élément
révolutionnaire. L'idée de révolution fut pendant très
longtemps identifiée à celle d'une lutte des pauvres
contre les riches ; cette lutte est aussi ancienne que
le monde civilisé et elle a déchiré les cités helléni-
ques ; il ne semble pas qu'elle se soit beaucoup
modifiée au cours des temps ; elle constitue une
forme rudimentaire de la lutte de classe, avec
laquelle on la confond souvent (1).

Ici, la justice n'est plus à invoquer, mais il y a
toute une littérature qui est consacrée à faire ressortir la beauté de la victoire des pauvres ; et dans
cette littérature se mêlent souvent des considérations
empruntées à la justice romanesque des utopistes. Ce

(1) Je signale, par exemple, que Van Kol fait constamment
cette confusion dans *Socialisme et Liberté*. Il définit la classe
« une division de la population d'après le degré de fortune »
(p. 154). Ailleurs : « Nous aspirons ardemment à une amélioration du sort des pauvres » (p. 227) et *passim*.

qui est vraiment essentiel ici, c'est de donner aux
pauvres une confiance absolue dans leurs forces ; il
faut, pour atteindre ce résultat, vaincre les traditions
de soumission qui leur ont été inculquées depuis
l'enfance ; on y arrive par deux moyens : d'abord en
ruinant le prestige des classes dominantes, et ensuite
en exaltant les qualités des pauvres. Les pamphlets
et journaux révolutionnaires ne manquent pas [de
signaler tous les incidents qui peuvent présenter les
riches sous un aspect odieux, ridicule et honteux ; —
suivant Robespierre et ses amis, les pauvres étant
demeurés plus près de la nature, la vertu leur est plus
facile qu'aux riches ; cette métaphysique singulière
se retrouve encore souvent dans des livres contemporains (1).

Avant 1848, on était fort effrayé par l'idée d'une
révolte des pauvres ; Considérant disait, par exemple,
dans le *Manifeste de la Démocratie* : « Que devien-
drait la civilisation, que deviendraient les gouverne-
ments et que deviendraient les hautes classes, si, la
féodalité industrielle s'étendant sur toute l'Europe,
le grand cri de guerre sociale : Vivre en travaillant
ou mourir en combattant, y soulevait un jour toutes
les innombrables légions de l'esclavage moderne ?
Eh bien ! il est certain que, si la sagesse des gouver-
nements, si la bourgeoisie intelligente et libérale, et
si la science enfin n'avisent, il est certain que le
mouvement qui emporte les sociétés européennes, va
droit aux révolutions sociales et que nous marchons
à une jacquerie européenne » (2). Plus loin, il signa-
lait le danger du communisme, « moyen violent,
spoliateur, révolutionnaire et, de plus, *illusoire* », qui

(1) Van Kol, pp. 242-243.
(2) *Ère nouvelle*, p. 166.

séduisait les esprits par son extrême *simplicité :* « Ces
formules sont très simples et très intelligibles aux
masses faméliques et dépouillées, auxquelles elles ne
peuvent paraître d'ailleurs que parfaitement justes,
tant que la société leur déniera le droit au travail » (1).

b) Les hommes qui se sont donnés au cours du
XIXᵉ siècle comme étant les adeptes les plus authen-
tiques de la tradition révolutionnaire, les véritables
représentants des pauvres et les partisans les plus
décidés du combat dans les rues, ceux que Bernstein
désigne sous le nom de *blanquistes,* n'étaient pas
moins résolus que Considérant à empêcher tout
retour vers la barbarie, et un mouvement de *jacques*
n'était pas du tout leur idéal. Bernstein a très bien vu
que l'on s'est trop souvent arrêté, dans les jugements
portés sur eux, à quelques aspects très secondaires de
leur tactique. On ne saurait définir les blanquistes
comme étant essentiellement des hommes de com-
plot ; la manière d'arriver au pouvoir leur était
indifférente ; posséder le pouvoir était à leurs yeux
résoudre toutes les difficultés — on ne met jamais en
doute la force créatrice que possède un parti politique
révolutionnaire qui a acquis le pouvoir (2) ; un tel
parti, une fois arrivé au gouvernement, est beaucoup
plus fort que ne le serait un parti conservateur, parce
qu'il n'a rien à ménager ; — les conditions économiques étaient regardées comme étant des phénomènes subordonnés.

Grâce à l'intervention d'un parti prenant la tête de
la révolution, le mouvement historique acquiert une
allure toute nouvelle et fort imprévue ; nous n'avons
plus affaire à une classe de pauvres agissant sous

(1) *Ère nouvelle,* p. 170.
(2) BERNSTEIN, *op. cit.,* p. 50.

l'influence d'instincts, mais à des hommes instruits qui raisonnent sur les intérêts d'un parti, comme le font les chefs d'industrie sur la prospérité de leurs affaires.

Les partis politiques sont des coalitions formées pour conquérir les avantages que peut donner la possession de l'Etat, soit que leurs promoteurs soient poussés par des haines, soit qu'ils recherchent des profits matériels, soit qu'ils aient surtout l'ambition d'imposer leur volonté. Si habiles que puissent être les organisateurs d'un parti, ils ne sauraient jamais grouper qu'un très faible état-major, qui est chargé d'agir sur des masses mécontentes, pleines d'espoirs lointains et disposées à faire des sacrifices immédiats ; le parti leur fera de larges concessions en cas de succès ; il paiera les services rendus en transformations économiques, juridiques, religieuses, dont la répercussion pourra dépasser infiniment les prévisions. Très souvent, les chefs des partis qui troublent le plus profondément la société, appartiennent à l'aristocratie que la révolution va atteindre d'une manière très directe ; c'est que ces hommes, n'ayant pas trouvé dans leur classe les moyens de s'emparer du pouvoir, ont dû recruter une armée fidèle dans des classes dont les intérêts sont en opposition avec ceux de leur famille. L'histoire montre qu'on se ferait une idée très fausse des révolutions si on les supposait faites pour les motifs que le philosophe est si souvent porté à attribuer à leurs promoteurs.

Lorsque les événements sont passés depuis longtemps, les passions qui avaient conduit les premiers sujets du drame, semblent négligeables en comparaison des grands changements qui sont survenus dans la société et que l'on cherche à mettre en rapport avec les tendances obscures des masses ; générale-

ment, les contemporains avaient vu les choses dans
un ordre opposé et s'étaient plutôt intéressés aux
compétitions qui avaient existé entre les états-majors
des partis. Il faut toutefois observer que, de nos
jours, une si grande portée ayant été accordée aux
idéologies, tout parti est obligé de faire parade de
doctrines ; les politiciens les plus audacieux ne sauraient conserver leur prestige s'ils ne s'arrangeaient
pour établir une certaine harmonie entre leurs actes
et des principes qu'ils sont censés représenter.

L'introduction de partis politiques dans un mouvement révolutionnaire nous éloigne beaucoup de la
simplicité primitive. Les révoltés avaient été, tout
d'abord, enivrés par l'idée que leur volonté ne devrait
rencontrer aucun obstacle, puisqu'ils étaient le
nombre ; il leur semblait évident qu'ils n'auraient qu'à
désigner des délégués pour formuler une nouvelle
légalité conforme à leurs besoins ; mais voilà qu'ils
acceptent la direction d'hommes qui ont d'autres
intérêts que les leurs ; ces hommes veulent bien leur
rendre service, mais à la condition que les masses
leur livreront l'Etat, objet de leur convoitise. Ainsi
l'instinct de révolte des pauvres peut servir de base à
la formation d'un *Etat populaire*, formé de bourgeois
qui désirent continuer la vie bourgeoise, qui main-
tiennent les idéologies bourgeoises, mais qui se
donnent comme les mandataires du prolétariat.

L'Etat populaire est amené à étendre de plus en
plus ses tentacules, parce que les masses deviennent
de plus en plus difficiles à duper, quand le premier
instant de la lutte est passé et qu'il faut cependant
soutenir un instinct de révolte dans un temps calme ;
cela exige des *machines électorales* (1) compliquées et,

(1) Ostrogorski a donné beaucoup de détails intéressants
sur le fonctionnement des *machines américaines*, dans son

par suite, un très grand nombre de faveurs à accorder. En accroissant constamment le nombre de ses employés, il travaille à constituer un groupe d'intellectuels ayant des intérêts séparés de ceux du prolétariat des producteurs; il renforce ainsi la défense de la forme bourgeoise contre la révolution prolétarienne. L'expérience montre que cette bourgeoisie de commis a beau avoir une faible culture, elle n'en est pas moins très attachée aux idées bourgeoises; nous voyons même, par beaucoup d'exemples, que si quelque propagandiste de la révolution pénètre dans le monde gouvernemental, il devient un excellent bourgeois avec la plus grande facilité.

On pourrait donc dire que, par une sorte de paradoxe, les hommes politiques, qui se regardent comme les vrais détenteurs de l'idée révolutionnaire, sont des conservateurs. Mais, après tout, est-ce que la Convention avait été autre chose? N'a-t-on pas souvent dit qu'elle avait continué les traditions de Louis XIV et préparé la voie à Napoléon?

c) Les souvenirs de la Révolution dominèrent pendant fort longtemps la propagande des socialistes. On prétendait identifier, par exemple, les profits capitalistes aux droits seigneuriaux et aux dîmes, que

---

livre sur *la Démocratie et l'Organisation des partis politiques*. Lire surtout le chapitre vi du livre V; il donne la définition suivante d'une *machine* : « Agrégation d'hommes s'échelonnant hiérarchiquement, liés l'un à l'autre par un dévouement personnel, mais à base mercenaire, et préoccupés uniquement de satisfaire leurs appétits, en exploitant la fortune des partis politiques. » (Tome II, p. 347). — Il nous apprend qu'à New-York, Tweed, qui avait été le *boss* de Tammany-Hall, après avoir été convaincu de vols monstrueux, conserva l'estime des pauvres de New-York, qui virent en lui une victime des riches (Tome II, p. 401) : toujours la lutte antique des pauvres et des riches.

la bourgeoisie supprima autrefois sans indemnité ;
on ne manquait pas de faire ressortir que beaucoup
de fortunes bourgeoises provenaient de la vente de
biens nationaux, qui avait été effectuée dans des conditions singulièrement favorables aux acheteurs. On
cherchait à faire entendre que l'Etat populaire pourrait s'inspirer de ces exemples mémorables pour
liquider le capitalisme à peu de frais.

Les politiciens révolutionnaires ne se plaçaient
point au même point de vue que les utopistes, quand
ils raisonnaient sur la propriété. Ceux-ci étaient surtout préoccupés de l'organisation du travail, tandis
que les politiciens ne voyaient que des revenus à
partager ; leur conception était celle des intellectuels, qui ont tant de peine à considérer la propriété
comme un moyen de production et qui la regardent
plutôt comme un titre de possession. La loi devrait
(comme elle le faisait si souvent dans les cités
antiques) rationner les riches en leur imposant des
charges énormes, de manière à rendre plus agréable
la vie des pauvres. Les problèmes économiques se
trouvent ainsi mis à l'arrière-plan, tandis que les
ordres donnés par les maîtres de l'Etat passent au
premier.

Qu'avaient voulu les législateurs antiques ? Maintenir dans la cité un nombre suffisant de citoyens
aptes à porter les armes et à défendre les traditions
nationales ; nous dirions aujourd'hui que leur idéal
était bourgeois. Et les hommes de la Révolution
française, qu'avaient-ils voulu ? Accroître dans une
très grande proportion le nombre des propriétaires
aisés ; ils avaient créé une bourgeoisie dont la puis-
sance n'est pas encore épuisée. L'Etat populaire, en
s'inspirant davantage des nécessités économiques
contemporaines, pourrait aboutir à des conséquences

tout à fait analogues. La translation des revenus peut se faire, en effet, d'une manière indirecte, mais sûre, au moyen d'une législation sociale qui tienne compte des conditions de la grande industrie : créer des moyens d'arbitrage permettant au trade-unionisme d'exercer une action constante sur les salaires ; remplacer le petit commerce des denrées par des services publics d'alimentation, l'exploitation des logements ouvriers par des locations municipales et l'usure des petits prêteurs par des institutions de prévoyance ; trouver des ressources fiscales dans de gros impôts perçus sur les classes riches, de manière à ce que les bonnes aubaines qui se produisent dans les industries reviennent aux œuvres démocratiques. Grâce à ces procédés, l'ouvrier peut devenir un petit bourgeois (1), et nous arrivons ainsi à retrouver les mêmes conclusions que précédemment : agrégation du prolétariat à la bourgeoisie.

III

Dualisme dans le *Manifeste communiste* ; mesures révolutionnaires et théories voisines de celles des utopistes. — Crainte qu'éprouvait Bernstein au sujet de la capacité politique de la social-démocratie. — Abandon du marxisme par les politiciens.

Le dualisme que Bernstein a signalé, apparaît, d'une manière indiscutable, dans les mesures provisoires que le *Manifeste communiste* proposait d'adopter en cas de révolution victorieuse. En 1872, Marx

(1) C'est là ce que cherche à réaliser la législation de la Nouvelle-Zélande ; cela a été bien reconnu par tous les observateurs consciencieux.

et Engels, rééditant leur œuvre, disaient ne pas attacher une importance particulière à ces conseils pratiques ; mais il est singulier que, dans les préfaces écrites en 1872, 1883, 1890, on ne trouve aucune indication capable d'orienter les lecteurs. Je suppose qu'ils sentaient, eux-mêmes, la dualité du système et qu'ils n'osaient pas faire d'incursions un peu prolongées sur le terrain de la pratique politique, parce qu'ils avaient peur de désorganiser l'édifice.

Dans le commentaire qu'il a donné du *Manifeste communiste*, en 1901, Andler ne me semble pas avoir très bien reconnu les sources ; il aurait été bien inspiré, s'il avait pris pour point de départ les thèses de Bernstein. Il distingue les propositions en juridiques, économiques et pédagogiques. J'ai peine à accoler le nom de juridiques à des mesures qui ressemblent aux ordres que donne un conquérant au lendemain de la victoire, pour détruire les vaincus : expropriation de la propriété foncière et affectation de la rente foncière aux dépenses de l'Etat ; impôt fortement progressif ; abolition de l'héritage ; confiscation des biens de tous les émigrés et rebelles. Ces prétendues mesures juridiques auraient pour objet de ruiner tous les intérêts dont le droit privé a la garde, et de supprimer même, semble-t-il, tout droit privé au bout d'une génération. Il ne faut pas oublier que le droit considère les choses, tout comme la science, comme si elles devaient être éternelles ; je ne crois donc pas que l'on puisse donner, sans commettre un grave contresens, le nom de juridiques à des règles dont l'application est fort limitée dans la durée.

Les autres propositions sont manifestement empruntées à la littérature des utopistes : centralisation du crédit ; exploitation des transports par l'État ; multiplication des manufactures nationales et amélioration des terres d'après un plan d'ensemble ; travail obligatoire pour tous et organisation d'armées industrielles, surtout pour l'agriculture ; rapprochement de l'agriculture et de l'industrie ; éducation publique et gratuite de tous les enfants et réunion de l'éducation et de la production matérielle. Je ne vois pas trop pourquoi Andler met à part ce dernier projet, qu'il appelle pédagogique, et qui appartient, de la manière la plus évidente, à l'organisation du travail.

L'ensemble du *Manifeste* offre les plus grandes analogies avec la littérature des utopistes, à tel point qu'on a pu accuser Marx d'avoir démarqué le *Manifeste de la Démocratie* rédigé par Considérant. Non seulement les phénomènes sont présentés souvent de la même manière, mais encore on y trouve des raisonnements qui ont dû paraître identiques à ceux des utopistes ; par exemple, à la fin du premier chapitre, on lit : « Il devient ainsi manifeste que la bourgeoisie est incapable de demeurer désormais la classe dirigeante de la société et d'imposer à la société, comme une loi impérative, les conditions de son existence de classe. Elle est devenue incapable de régner, car elle ne sait plus assurer à ses esclaves la subsistance qui leur permette de supporter l'esclavage (1). »

On n'a pas encore, à ma connaissance, déterminé exactement quels sont les postulats employés par Marx et Engels dans le *Manifeste communiste* ; leur langage imagé a pu être interprété tantôt comme étant celui d'utopistes condamnant la bourgeoisie au nom de la justice éternelle, tantôt comme contenant des encouragements à la révolte des pauvres.

On doit observer que le *Manifeste* ne renferme pas de formule ayant un aspect blanquiste aussi marqué

____

(1) *Manifeste communiste*, p. 40.

que celle qu'on trouve à la fin de la *Misère de la philosophie* : « L'antagonisme entre le prolétariat et la
bourgeoisie est une lutte de classe à classe, lutte qui,
portée à sa plus haute expression, est une *révolution
totale.* D'ailleurs, faut-il s'étonner qu'une société
fondée sur l'opposition des classes aboutisse à une
contradiction brutale, à un *choc de corps à corps*
comme dernier dénouement ?... A la veille de chaque
remaniement général de la société, le dernier mot de
la science sociale sera toujours : Le combat ou la
mort ; la lutte sanguinaire ou le néant. C'est ainsi
que la question est invinciblement posée (1). » Il est
possible que Marx et Engels n'aient pu donner toute
leur pensée dans un document destiné à être adopté
par une association. Ils se montrèrent longtemps
très favorables aux idées blanquistes, au point qu'en
1850 ils regardaient les blanquistes comme étant le
vrai parti prolétarien, alors que, suivant Bernstein,
« le parti prolétarien français était, en 1848, les
ouvriers groupés autour du Luxembourg » (2).

Bernstein, en considérant la situation du parti
socialiste en Allemagne, a été effrayé de voir combien
la capacité de ce parti était inférieure au rôle qu'il
pourrait être appelé à jouer en cas de révolution vio-
lente ; il ne pensait pas, en effet, que l'on pût voir
encore le pouvoir passer à une bourgeoisie radicale,
comme en 1848 ; ce serait l'extrême-gauche du parle-
ment, c'est-à-dire le groupe socialiste, qui devrait
assumer toutes les responsabilités (3) ; cette perspec-
tive lui suggérait des réflexions fort pessimistes : « La
souveraineté du peuple, même légalement proclamée,

(1) Ces deux phrases sont de George Sand.
(2) Bernstein, *op. cit.*, p. 51.
(3) Bernstein, *op. cit*, p. 60.

ne devient point pour cela un facteur déterminant réel. Elle peut mettre le gouvernement sous la dépendance de ceux-là justement vis-à-vis desquels il devrait être fort : les fonctionnaires, les politiciens professionnels, les *propriétaires de journaux...* La dictature du prolétariat, cela veut dire — partout où la classe ouvrière ne dispose pas déjà de très fortes organisations économiques et où elle n'a pas acquis encore, par son apprentissage dans des assemblées autonomes, un degré très élevé d'indépendance morale, — la dictature d'orateurs de clubs et de littérateurs (1). »

Pour préparer le socialisme à accomplir la mission qui devrait lui incomber en cas de révolution, il fallait donc reprendre l'étude des problèmes que les marxistes avaient longtemps négligés. « La question sociale qui s'était présentée aux utopistes dans toute sa grandeur, comme question politique, juridique, économique et morale, [avait été] concentrée et condensée dans la question ouvrière (2). » Le moment était venu de corriger et compléter l'œuvre des utopistes, en profitant des expériences faites depuis un demi-siècle. On était ainsi conduit à une *décomposition du marxisme*, puisque désormais l'élément blanquiste ne viendrait plus se mêler aux études faites sur l'administration et sur la politique pratique.

Pendant que Bernstein s'efforçait ainsi de concentrer l'attention des socialistes allemands sur les parties de la doctrine que ceux-ci avaient négligées, le travail naturel de l'évolution des partis amenait les chefs du socialisme à abandonner les points de vue marxistes, tout en se défendant de ne vouloir rien

(1) BERNSTEIN, *op. cit.*, pp. 297-298.

(2) MERLINO, *Formes et essence du socialisme*, p. 244.

changer. Le 5 décembre 1899, Bebel prononçait à
Berlin un discours dans lequel se faisait jour le plus
pur socialisme d'État ; il osait même revenir aux coopératives subventionnées par l'État que Marx avait
condamnées dans sa lettre de 1875 sur le programme
de Gotha (1). Toutefois on n'en continuait pas moins
à considérer Bernstein comme un hérétique, afin de
paraître toujours fidèle aux vieilles espérances révolutionnaires. Les politiciens socialistes estimaient
qu'ils n'avaient d'ailleurs nul besoin de se préoccuper
de faire les recherches auxquelles les conviait Bernstein, parce qu'un député est, tout comme un marquis
de l'Ancien Régime, un homme qui sait tout sans
avoir besoin d'apprendre.

Mais le marxisme est-il bien uniquement ce que
supposait Bernstein ? Voilà ce qu'il faudrait savoir.
N'y a-t-il pas en lui autre chose que les formules que
l'on cite et dont la valeur semblait être de plus en
plus discutable ? Ne serait-ce point plutôt une conception philosophique propre à éclairer les luttes
sociales qu'un recueil de préceptes politiques ? C'est
ce que nous allons examiner, d'une manière sommaire,
en opposant aux utopistes et aux blanquistes quel-
ques-uns des éléments fondamentaux du marxisme.

---

(1) La social-démocratie allemande était officiellement
marxiste, mais elle avait toujours conservé beaucoup d'idées
lassaliennes ; c'est ainsi que le programme de Gotha avait
été adopté malgré les critiques de Marx ; sa lettre n'a même
été connue qu'en 1891. L'esprit lassallien devint prépondérant
dès que les socialistes eurent remporté des succès électoraux ;
les succès électoraux conduisent fatalement au socialisme
d'État.

IV

Différences entre Marx et les utopistes. — Pas de critique juridique de la propriété privée. — Sophismes de Thompson et de Pecqueur. — Organisation de la production réalisée par le capitalisme. — Régularisation des salaires par l'équilibre économique. — Travail futur fondé sur les usages légués par le capitalisme.

a) Suivant beaucoup d'écrivains contemporains, Marx aurait laissé une grande lacune dans son œuvre, en ne fondant pas une théorie de la propriété : le professeur Anton Menger dit, par exemple : « Il manque chez lui le complément nécessaire de la théorie de la plus-value, c'est-à-dire une *critique juridique de la propriété privée* des moyens de production et des choses utiles, et par suite un examen approfondi du droit au produit intégral du travail » (1). Beaucoup de jeunes universitaires, qui regardent Marx comme un chien crevé, sont partis de ce jugement solennel prononcé par le professeur autrichien pour faire des critiques juridiques de la propriété.

Je crois qu'il faut grandement féliciter Marx de ne pas être entré dans la voie qu'on lui reproche de ne pas avoir suivie ; et je regarde son attitude sur cette question comme ayant une importance capitale. Aucune correction ne saurait être apportée à son système à ce point de vue ; tout auteur qui fera une critique juridique de la propriété privée se placera en dehors du marxisme ; c'est là une constatation très décisive à faire dès le début de nos recherches.

Comment pourrait-on, d'ailleurs, s'y prendre pour faire le travail auquel nous convie Menger ? Il faudrait

(1) A. MENGER, *op. cit.*, p. 138.

pour cela s'appuyer sur les principes du droit moderne ; *
mais ceux-ci ne sont-ils pas fondés sur l'existence de
la propriété privée bourgeoise ? Pour peu qu'on
adopte dans une certaine mesure les principes du
matérialisme historique, un tel travail apparaît comme
ne pouvant être qu'un tissu de sophismes. L'absurdité
de l'entreprise n'apparaît point à Menger parce qu'il
ne se rend pas un compte exact des relations qui
existent entre toute superstructure idéologique et
l'économie ; mais pour un marxiste, la dissociation
que supposaient les utopistes, et que supposent encore
quelques philosophes, est un non-sens.

Il est bien vrai qu'aucun système idéologique n'est
jamais parfaitement cohérent. Il demeure toujours
dans le droit des règles anciennes qui ne peuvent
s'expliquer correctement qu'au moyen de l'histoire
et qui, prises isolément, pourraient recevoir des
interprétations fantaisistes. D'autre part, il y a des
lois exceptionnelles qui ont été introduites sous
l'influence des caprices d'un homme puissant et qui
forment des ilots que le juriste cherche à délimiter
avec rigueur. Enfin, les circonstances politiques
exercent, de temps à autre, leur influence sur la
jurisprudence et viennent troubler le travail des
doctrinaires. Les esprits subtils peuvent se servir de
tous ces éléments sporadiques pour illustrer une
théorie des *rapports naturels* qui devraient exister
entre les hommes ; et, partant de cette théorie pour
juger le droit existant, ils peuvent en critiquer ou
déclarer caduques les parties qui ne concordent pas
avec leur théorie.

Cette méthode est bien propre à séduire les esprits
qui sont plus préoccupés de logique que d'histoire et
d'économie ; en effet, à leurs yeux il n'existe point de
différence essentielle entre les divers éléments juri-

diques. Comme il n'existe aucun moyen de les faire entrer tous, d'une manière parfaitement satisfaisante, dans aucune construction, chacun de nous a le droit de fabriquer une construction qui sera aussi légitime qu'une autre, pourvu qu'elle puisse être illustrée par des exemples. L'absence de toute considération sur l'infrastructure économique se fait alors sentir de la manière la plus fâcheuse, parce qu'il n'y a aucun moyen de choisir scientifiquement ; la méthode marxiste ne permet point de telles fantaisies.

Le plus souvent, les philosophes qui ont détruit la propriété par raison démonstrative ont procédé d'une manière encore plus arbitraire. Ils sont partis de formules vagues qui entrent dans le langage courant et dans lesquelles on trouve quelques analogies avec des termes juridiques ; c'est ainsi que la théorie ricardienne de la valeur engendra presque aussitôt des sophismes relatifs à la propriété. Le professeur Anton Menger, qui trouve le socialiste anglais William Thompson si supérieur à Marx, s'exprime ainsi : « Comme un grand nombre d'économistes anglais et notamment Ricardo, Thompson part de cette idée que le *travail est la seule cause* de la valeur d'échange. De ce fait économique, il tire la conséquence juridique que c'est à celui qui a créé la valeur par son travail que doit revenir tout entier le produit de son travail, ou que chaque ouvrier doit recevoir le produit intégral de son travail » (1). Mais comment a-t-on pu justifier ce passage au droit, c'est ce que A. Menger omet de nous expliquer ; cela doit lui paraître trop simple pour qu'il s'y arrête.

Je crois que l'on peut reconstituer ainsi le raisonnement de Thompson : on suppose une société égali-

(1) A. MENGER, *op. cit.*, p. 76.

taire, dans laquelle l'outillage est entre les mains de
gens ayant pour unique fonction de le surveiller, et
qui reçoivent pour cela une rémunération de gardien-
nage (1) ; si on admet que la seule *cause* de la richesse
créée est le travail de l'ouvrier, personne, en dehors
de celui-ci, n'a de revendication à faire valoir sur
cette richesse. Mais il faudrait démontrer que ce
raisonnement est valable juridiquement pour notre
société et ne pas jouer sur le sens du mot *cause*.

Pecqueur présente ses conceptions sous une forme
beaucoup plus développée, et grâce à la franchise
parfois un peu naïve de cet auteur, il est plus facile
de suivre la marche des idées : « Toute richesse
matérielle est due au travail combiné avec la matière,
ou plutôt à la force intelligente de l'homme agissant
sur la matière... *La matière nous est donnée collecti-
vement et également par Dieu*, mais le travail c'est
l'homme. Celui qui ne veut point travailler, a dit
saint Paul, n'a pas le droit de manger. Dans cette
sentence se trouve en germe toute l'économie sociale
et politique de l'avenir » (2). On peut, en effet, soupçonner facilement que de ces prémisses devront sortir
des conséquences communistes ou très voisines du
communisme égalitaire ; mais l'auteur ne regarderait
pas ces principes comme évidents, s'il n'avait été déjà
décidé à condamner le régime capitaliste.

A Rossi, qui avait dit qu'il ne faut pas appeler oisif
celui qui administre sagement sa fortune, en épargne
une partie et contribue à la production par ses capitaux, Pecqueur répond : « Produire, c'est travailler :
dire que nos capitaux travaillent à notre place, c'est

(1) Ils peuvent recevoir tout au plus un salaire égal à
celui de l'ouvrier le mieux payé (A. Menger, *op. cit.*, p. 177).

(2) Pecqueur. *Théorie nouvelle d'économie sociale et politique*, p. 497.

dire une absurdité... Pour produire réellement, il faudrait payer de votre personne, et vous ne le faites pas. Le capital est une *matière* qui ne peut rien sans le travail de l'homme (1) ; car toute richesse vient du labeur. Donc, le capital ne saurait travailler à la place de l'homme, de son possesseur ou propriétaire. Lors même que la *matière capital* pourrait travailler comme un être moral et doué d'une activité spontanée, tel que l'homme, elle ne pourrait encore représenter l'homme auprès de la société ; car, en fait de travail, l'homme même ne peut représenter l'homme. La présence personnelle est de rigueur » (2).

La production est un devoir qui s'impose à chacun, et chaque producteur est un fonctionnaire ; tous sont également nécessaires à la société et doivent être également rétribués, s'ils mettent une égale bonne volonté au travail (3). Quant à essayer de démontrer la légitimité d'un pareil système, cela est impossible. Marx a vraiment bien fait de ne pas s'engager dans ce labyrinthe de sophismes.

b) Les utopistes étaient persuadés que le capitalisme n'était plus en état de diriger une production devenue trop grande pour des particuliers. Une pareille conception nous paraît aujourd'hui fort étrange, parce que nous avons vu l'industrie réaliser, depuis un demi-siècle, trop de prodiges, et que son état antérieur à 1848 nous semble tout à fait rudimentaire ; nous avons donc quelque peine à ne pas regarder les utopistes comme ayant été bien naïfs. Mais il faut tenir compte, pour apprécier sainement

---

(1) La distinction du *travail mort* ou capital et du *travail vivant* a pénétré dans la littérature marxiste par le *Manifeste communiste.*

(2) Pecqueur, *op. cit.*, p. 512.

(3) Pecqueur, *op. cit.*, pp. 583-586.

le changement survenu dans les idées, du changement que le capitalisme a subi lui-même.

Je rappelle ici qu'une des thèses essentielles de Marx est celle du passage du capitalisme commercial et usuraire au capitalisme industriel ; celui-ci constitue la forme pleinement développée de la société bourgeoise. A l'époque des utopistes, le capitalisme industriel était encore secondaire ; au début de ses articles de 1850 sur *La lutte de classe en France,* Marx fait observer que, sous le règne de Louis-Philippe, le gouvernement était entre les mains de ce qu'on appelait l'aristocratie financière (banquiers, rois de la Bourse et des chemins de fer, concessionnaires de mines de charbon et de fer, propriétaires de forêts, et partie des grands propriétaires fonciers), tandis que la bourgeoisie industrielle était dans l'opposition ; il montre notamment le rôle de Grandin et de Faucher, qui combattaient vivement Guizot et représentaient les intérêts industriels. En Angleterre existait à peu près la même situation : dans une note du chapitre xx du III⁰ volume du *Capital,* Marx dit que les commerçants étaient unis à l'aristocratie foncière et financière contre le capital industriel (par exemple, Liverpool contre Manchester et Birmingham) et que « le capital commercial et l'aristocratie financière n'ont reconnu la suprématie du capital industriel que depuis la suppression des droits d'entrée sur les céréales » (1).

Autrefois, les entreprises capitalistes étaient dirigées par des hommes dépourvus de connaissances scientifiques, parce qu'elles étaient conduites à la manière des affaires commerciales ou usuraires. On était effrayé en constatant la disproportion qui exis-

_____

(1) *Capital,* trad. franç., tome III, première partie, p. 360.

tait entre la capacité des directeurs d'usines et la science du temps. Aujourd'hui, la science a fait des progrès immenses, mais elle n'est demeurée étrangère, dans aucune de ses parties, aux ingénieurs qui dirigent les ateliers. Le problème qui avait le plus préoccupé les utopistes se trouve résolu par le capitalisme contemporain ; s'il y a encore des exceptions, c'est que partout le régime industriel n'a pas complètement triomphé, et que l'aristocratie financière exerce encore sa mauvaise influence sur un certain nombre d'affaires.

Le problème de l'organisation de l'atelier ne semblait pas moins difficile que celui de sa direction. Le Moyen-âge avait légué des habitudes de grande brutalité chez les compagnons ; il était donc naturel que la discipline des manufactures fût également très brutale ; les contremaîtres avaient, d'ailleurs, à soutenir une lutte de tous les jours contre la mauvaise volonté d'ouvriers qui ne pouvaient s'accoutumer facilement à conduire des métiers compliqués, exigeant beaucoup d'attention et mûs d'un mouvement rapide. Il y eut une lutte terrible, surtout en Angleterre : certains industriels regardaient les anciens ouvriers, habitués aux outillages traditionnels, comme étant incapables de se plier aux exigences nouvelles (1). Cette éducation a fini par se faire sans

---

(1) Marx ne me semble pas avoir donné une idée parfaitement complète de cette lutte dans le *Capital* (tome I, chap. xv, *la Fabrique*); Ure, auquel il emprunte ses principales données, rapporte que les premières filatures mécaniques échouèrent, parce que Wyalt était d'une nature trop douce; Arkwright réussit, trente ans plus tard, parce qu'il avait « l'énergie et l'ambition d'un Napoléon ». (*Capital*, tome I, p. 183, col. 2, et Ure, *Philosophie des manufactures*, trad. franc., tome I, pp. 21-31). Ce dernier livre a été traduit en

recourir aux moyens plus ou moins cocasses inventés par les utopistes ; on n'a pas tenu compte des théories fouriéristes sur la *papillonne* pour arriver à mettre une douzaine de machines à tisser le calicot sous la direction d'un seul travailleur.

Ainsi, le capitalisme a résolu les problèmes pour lesquels les utopistes cherchaient des solutions parfaitement vaines ; il a créé ainsi les conditions qui permettront le passage à une forme sociale nouvelle ; le socialisme n'aura ni à inventer de nouvelles machines scientifiques, ni à apprendre aux hommes comment il faut s'en servir pour obtenir le plus grand produit ; le capitalisme industriel résout tous les jours, par tâtonnements et progressivement, ce problème. Marx, en découvrant cette génération des conditions de la société nouvelle, a rendu tout l'utopisme inutile et même quelque peu ridicule.

Désormais, le socialisme ne devra plus s'occuper des moyens qui pourraient servir à faire évoluer la société dans un sens progressif ; Marx s'élève avec force contre la prétention qu'émettaient les lassalliens de demander l'institution de coopératives subventionnées par l'Etat, en vue de préparer la voie à la solution de la question sociale ; dans la *Lettre sur le programme de Gotha*, il regardait une telle attitude comme constituant une déviation du socialisme ; celui-ci devait s'enfermer dans la lutte de classe. Le socialisme n'a à s'occuper que de l'organisation révolutionnaire des *bras*, tandis que l'utopisme voulait donner des conseils à la *tête* de l'industrie.

1836. Sur la brutalité des anciens ouvriers anglais travaillant la laine, cf. Ure, *loc. cit.* p. 13 et pp. 267-271. A l'époque où Marx écrivait, il y avait eu de très grands changements.

c) Les utopistes étaient prodigieusement préoccupés de répartir la richesse d'une manière raisonnable. De leur temps, non seulement l'aristocratie foncière et les gens d'usure semblaient prendre une part démesurée, mais encore le régime de la petite industrie conservait des situations privilégiées, difficiles à défendre pour certaines catégories de salariés. « A Lyon, disait Proudhon en 1846, il est une classe d'hommes qui, à la faveur du monopole dont la municipalité les fait jouir, reçoivent un salaire supérieur à celui des professeurs de facultés et des chefs de bureaux des ministères : ce sont les crocheteurs... Il n'est pas rare qu'un homme gagne 12, 15 et jusqu'à 20 francs par jour. C'est l'affaire de quelques heures... Les crocheteurs de Lyon sont aujourd'hui ce qu'ils furent toujours : ivrognes, crapuleux, brutaux, insolents, égoïstes et lâches (1). »

Le capitalisme fait disparaître la plupart de ces anomalies ; il tend à produire une certaine égalisation du travail entre les diverses parties de l'usine ; mais comme il a besoin d'un nombre considérable d'hommes particulièrement actifs, attentifs ou expérimentés, il s'ingénie à donner des suppléments de salaire aux hommes qui lui rendent ainsi plus de services ; ce n'est point par des considérations de justice qu'il se règle dans ce calcul, mais par la seule recherche empirique d'un *équilibre réglé par les prix*. Le capitalisme arrive donc à résoudre un problème qui semblait insoluble, tant qu'il avait été étudié par les utopistes ; il résout la question de l'égalité des travailleurs, tout en tenant compte des inégalités

______

(1) PROUDHON, *Contradictions économiques*, tome I, pp. 131-132. Il leur reprochait leur indifférence pour l'émeute des ouvriers de soie.

naturelles ou acquises qui se traduisent par des inégalités dans le travail (1).

On sait que Marx a posé cette règle que « toutes les classes qui, successivement, se sont emparées du pouvoir, cherchaient à sauvegarder leur situation de fortune acquise en imposant à toute la société les conditions qui leur assuraient leur revenu propre » (2) ; et il applique plusieurs fois le même principe, pour savoir ce que deviendra le monde à la suite d'une révolution prolétarienne. C'est ainsi qu'il proclame la disparition de la famille bourgeoise, parce que les prolétaires ne se trouvent pas dans les conditions qui leur permettent de pratiquer l'union sexuelle suivant ce type. « Les prolétaires n'ont pas de patrie » ; la notion de patrie doit donc disparaître. Dans la lettre de 1875 sur le programme de Gotha, il dit que l'on appliquera pour les salaires « le principe qui règle actuellement l'échange des marchandises dans la mesure où s'échangent des valeurs identiques » ; c'est, dit-il, « un droit bourgeois » qui donne des iné-

(1) Dans la *Lettre sur le programme de Gotha*, se lisent de remarquables observations sur cette égalité de droit et l'inégalité des conditions.

(2) *Manifeste communiste*, p. 38. La Révolution a, par exemple, fondé tout son droit sur les conditions d'existence des propriétaires agriculteurs qui exploitaient des terres concédées jadis féodalement ; les descendants des anciens concédants ont été regardés comme étant sans titre, et le *domaine utile* du roturier est devenu la pleine propriété du Code Napoléon ; toutefois, M. P. Viollet estime qu'on peut soutenir aussi que toutes les terres françaises sont devenues des censives, puisque nous payons tous à l'Etat des droits de mutation qui représentent les anciens droits de relief, de lods et ventes (*Précis de l'histoire du droit français*, 1ʳᵉ édition, p. 607). Le droit général des Français est devenu celui de la roture.

galités quant à son contenu, tout en étant égalitaire.

J. Guesde était bien dans la tradition marxiste lorsqu'il disait à la Chambre, le 24 juin 1896, que le problème du travail ne pouvait offrir de sérieuses difficultés dans une société collectiviste; en effet, on arriverait, par tâtonnements, à fixer les durées de travail assez courtes pour les métiers les moins demandés, de manière à y attirer le nombre d'hommes dont on aurait besoin. « Le jeu de l'offre et de la demande suffira à déterminer, sans arbitraire et sans violence, cette répartition qui vous semblait tout à l'heure un problème insoluble (1). » D'autres ont pensé qu'au lieu d'offrir aux travailleurs l'appât du plus grand loisir, il serait plus pratique de continuer à leur offrir l'appât d'un salaire surélevé (2) ; cette solution paraît comporter une attraction plus puissante ; mais l'essentiel est de montrer ici seulement que c'est par un mécanisme emprunté à l'ère capitaliste que le socialisme compte régler la répartition.

En définitive, le marxisme est beaucoup plus près de l'économie politique qu'on nomme manchestérienne que de l'utopisme. C'est là un point capital à relever ; j'ai montré d'autres analogies très profondes dans les *Insegnamenti sociali della economia contemporanea* ; maintes fois d'ailleurs les apôtres du *devoir social* ont signalé le grand danger que le *manchestérianisme* présente pour l'ordre : il divise la société en deux classes entre lesquelles il ne s'établit aucun lien, et qui, par suite, finissent par se regarder comme

(1) J. GUESDE, *Quatre ans de lutte de classe à la Chambre*, tome II, p. 96.

(2) « On aura pour guide unique l'intérêt... On spéculera sur le désir très réel chez beaucoup, soit d'un gain plus fort, soit d'un loisir plus grand avec un même gain. » (G. DEVILLE, *Capital*, 1re édition, p. 35).

ennemies. Les utopistes, comme les apôtres actuels du *devoir social*, ne voulaient pas admettre la lutte de classe ; on ne saurait donc, sans s'exposer à commettre de très grandes erreurs, mêler au marxisme les conceptions des anciens socialistes.

Nous allons maintenant examiner ce que Bernstein nomme le blanquisme, et nous ne trouverons pas de moindres divergences.

V

Ce qu'il y a d'essentiel dans les notions révolutionnaires de Marx : idée de classe. — Théorie ancienne de la destruction de l'État. — Les Intellectuels. — Analogie de la révolution blanquiste et de la théorie hégélienne, d'après Bernstein ; leurs différences. — Les mythes sociaux.

a) Le blanquisme (1) n'est, au fond, que la révolte des pauvres conduite par un état-major révolutionnaire ; une telle révolte peut appartenir à n'importe quelle époque ; elle est indépendante du régime de la production. Marx considère, au contraire, une révolution faite par un prolétariat de producteurs qui ont acquis la capacité économique, l'intelligence du travail et le sens juridique sous l'influence même des conditions de la production. Dans le tableau schématique qu'on trouve à l'avant-dernier chapitre du premier volume du *Capital*, il est dit que la classe des travailleurs a été ainsi disciplinée, unie et organisée ; je crois que Marx décrit ici un processus vers la raison : de la *discipline* on marche vers *l'organisation*,

(1) Je rappelle, encore une fois, qu'il ne s'agit pas tant ici des idées de Blanqui, que de la tradition jacobine que Bernstein a définie par le mot de « blanquisme. »

c'est-à-dire vers une constitution juridique ; sans cette constitution juridique on ne saurait même dire qu'il y ait une classe pleinement développée.

Les pauvres peuvent s'adresser aux riches pour leur rappeler qu'ils devraient remplir envers eux le devoir social que la philanthropie et la charité chrétienne imposent aux classes supérieures ; ils peuvent encore se soulever pour imposer leur volonté et se ruer sur les bonnes choses qui étaient placées hors de leur atteinte ; mais, dans un cas comme dans l'autre, il n'y a aucune idée juridique qui puisse être acquise par la société. L'avenir dépend de la bonne volonté des hommes qui prendront la tête du mouvement ; ils pourront conduire leurs hommes soit à une de ces sociétés douces que Renan regardait comme impropres à soutenir la charge d'une haute culture politique et nationale (2) ; soit à une société analogue à celle du Moyen-âge dans laquelle « la voix des prophètes épouvantera les riches, les puissants, empêchera, au profit des pauvres ou prétendus tels, tout développement industriel, scientifique ou mondain » (2) ; soit enfin à quelque *jacquerie*, comme craignaient les utopistes.

Aucune de ces hypothèses n'aurait pu convenir à Marx ; il n'a jamais eu de sympathie pour la morale du renoncement bouddhique ; il voyait l'avenir sous la forme d'un prodigieux développement industriel ; quant à la *jacquerie*, je rappelle avec quelle horreur il parle des révolutionnaires russes qui voulaient prendre pour modèle le cosaque Razine, chef d'une insurrection contre le tsar Alexis, père de Pierre le

(1) Renan, *Histoire du peuple d'Israël,* tome III, p. 279. Il donne comme exemple les peuples bouddhistes.

(2) Renan, *op. cit.,* tome II, p. 540.

Grand (1). C'est sur le progrès technologique, sur la
science et sur le droit que se constitue la société
nouvelle.

A l'époque à laquelle Marx écrivait, il n'avait pas
sous les yeux des expériences ouvrières suffisantes
pour se faire une notion parfaitement claire des
moyens qui pourraient permettre au prolétariat d'atteindre le degré de maturité qu'il lui supposait nécessaire pour faire sa révolution émancipatrice ; il s'est
généralement borné à donner des formules sommaires
et symboliques, qui sont presque toujours heureuses ;
mais quand il voulait passer, comme homme d'action,
à la pratique courante, il était beaucoup moins inspiré. Il ne faut pas oublier que nous n'agissons guère
que sous l'action de *souvenirs qui sont beaucoup plus
présents à notre esprit que les faits actuels.* Marx
devait donc se montrer beaucoup plus retardataire
comme homme pratique qu'il ne l'est comme philosophe ; il subissait, comme presque tous ses contemporains, l'influence des modèles laissés par la Révolution, alors même que sa doctrine économique
aurait dû le conduire à reconnaître l'extrême différence qui existait entre les deux époques.

On se tromperait donc beaucoup en cherchant la
véritable intelligence du marxisme dans les conseils
que Marx et Engels ont donnés à leurs contemporains : « Ils sont passés impassibles à côté des
erreurs les plus grossières du blanquisme », dit
Bernstein (2) ; cela est vrai, encore que cela ne tienne
probablement pas autant que le croit l'auteur alle-
mand à la dialectique hégélienne.

(1) *L'Alliance de la démocratie socialiste et l'Association
internationale des travailleurs,* pp. 62-63 et p. 104.

(2) BERNSTEIN, *op. cit.,* p. 63.

Le marxisme diffère notamment du blanquisme en ce qu'il écarte la *notion de parti*, qui était capitale dans la conception des révolutionnaires classiques, pour revenir à la *notion de classe* (1) ; mais nous n'avons plus la notion vague et vulgaire de la classe du sociologue, considérée comme un amoncellement de gens de même condition ; nous avons une société de producteurs, qui ont acquis les idées qui conviennent à leur état et qui se regardent comme ayant une unité tout à fait analogue aux unités nationales. Il ne s'agit plus de conduire le peuple, mais d'amener les producteurs à penser par eux-mêmes, sans le secours d'une tradition bourgeoise.

b) Le parti a pour objet, dans tous les pays et dans tous les temps, de conquérir l'État et de l'utiliser au mieux des intérêts du parti et de ses alliés. Jusqu'à ces dernières années, les marxistes enseignaient, au contraire, qu'ils voulaient supprimer l'État ; cette doctrine était présentée avec un luxe de détails, et parfois même de paradoxes, qui ne laissaient aucun doute sur la pensée. Les choses ont naturellement changé d'aspect lorsque les succès électoraux ont conduit les chefs socialistes à trouver que la possession du pouvoir offre de grands avantages, alors même que cette possession serait minime, comme celle qu'on peut obtenir par la conquête des municipalités. C'est l'esprit de parti qui a repris sa place dans le marxisme, par suite d'une raison purement matérielle : l'organisation des ouvriers socialistes en parti politique.

Dans l'*Aperçu sur le socialisme scientifique*, écrit en 1883 par Gabriel Deville, et imprimé en tête de

---

(1) Les utopistes s'occupaient beaucoup des classes, mais ils n'entendaient pas encore ce mot au sens moderne.

son analyse du *Capital,* on lit : « L'État n'est pas —
ainsi que l'exprime certain bourgeois entré dans le
parti socialiste comme un ver dans le fruit, pour
contenter ses appétits malsains en le désorganisant (1)
— l'ensemble des services publics déjà constitués,
c'est-à-dire quelque chose qui n'a besoin que de
corrections par ci, de corrections par là. Il n'y a pas
à perfectionner mais à supprimer l'État... C'est un
mauvais système pour détruire quelque chose que de
commencer par le fortifier. Et ce serait augmenter la
force de résistance de l'État que de favoriser l'acca-
parement, par lui, des moyens de production, c'est-à-
dire de domination (2) ». On pourrait citer beaucoup
d'autres opinions émises à la même époque, sur le
danger que le progrès des services publics fait courir
au socialisme.

Je crois bien que si Engels a écrit son livre sur « les
origines de la famille, de la propriété privée et de
l'État », c'est qu'il avait à cœur de montrer par l'histoire que l'existence de l'État n'est pas aussi nécessaire que le pensent beaucoup de personnes. On y lit
par exemple, ces conclusions : « A un certain degré
du développement économique, qui était nécessairement lié à la scission de la société en classes, cette
scission fit de l'État une nécessité. Nous nous approchons à grands pas d'un degré de développement de
la production où, non seulement l'existence de ces
classes a cessé d'être une nécessité, mais où elle
devient un obstacle positif à la production. Les

(1) Il s'agit de Paul Brousse, l'ancien ami de Bakounine,
qui était devenu le chef du parti des réformes sociales ; dans
le *Prolétaire* du 24 novembre 1883, Paul Brousse déclare qu'à
l'heure actuelle le vote est plus scientifique que l'assassinat
des princes.

(2) G. Deville, *op. cit.*, pp. 16-17.

4

classes disparaîtront aussi fatalement qu'elles ont surgi. Et *avec elles s'écroulera inévitablement l'État*. La société qui organisera la production sur les bases d'une association libre et égalitaire des producteurs, transportera toute la machine de l'État où sera dès lors sa place : dans le musée des antiquités (1) ».

Pour bien comprendre la transformation qui s'est opérée dans la pensée socialiste, il faut examiner ce qu'est la composition de l'État moderne. C'est un corps d'intellectuels qui est investi de privilèges et qui possède des moyens dits politiques pour se défendre contre les attaques que lui livrent d'autres groupes d'intellectuels avides de posséder les profits des emplois publics. Les partis se constituent pour faire la conquête de ces emplois et ils sont analogues à l'État. On pourrait donc préciser la thèse que Marx a posée dans le *Manifeste communiste :* « Tous les mouvements (sociaux) jusqu'ici, dit-il, ont été accomplis par des minorités au profit de minorités (2) » : nous dirions que toutes nos crises politiques consistent dans le remplacement d'intellectuels par d'autres intellectuels ; elles ont donc toujours pour résultat de maintenir l'État, et parfois même de le renforcer, en augmentant le nombre des co-intéressés.

Marx opposait la révolution prolétarienne à toutes celles dont l'histoire garde le souvenir ; il concevait cette révolution future comme devant faire disparaître « toute la superstructure de couches qui forme la société officielle (3) ». Un tel phénomène comporte la disparition des intellectuels et surtout de leurs forteresses qui sont l'État et les partis politiques,

(1) ENGELS, *Origines, etc.*, trad franç., p. 281.
(2) *Manifeste communiste*, p. 39.
(3) *Loc. cit.*

Dans la conception marxiste, la révolution est faite
par les producteurs qui, habitués au régime de l'atelier de grande industrie, réduisent les intellectuels à
n'être plus que des commis accomplissant des beso-
gnes aussi peu nombreuses que possible. Tout le
monde sait, en effet, qu'une affaire est regardée
comme d'autant mieux conduite qu'elle a un plus
faible personnel administratif.

On trouve de nombreux témoignages relatifs aux
opinions de Marx sur les intellectuels révolutionnaires dans la circulaire de l'Internationale du
21 juillet 1873; il importe assez peu que les faits dont
les amis de Bakounine sont accusés soient rigoureusement exacts; ce qui importe seulement, c'est l'ap-
préciation que Marx porte sur ces faits. C'est le blanquisme tout entier, avec ses états-majors bourgeois,
qui est réprouvé avec la plus dure énergie.

Il reproche à son adversaire d'avoir formé une
association politique si fortement autoritaire qu'on
pourrait la croire inspirée par l'esprit bonapartiste (1).
« Nous avons donc reconstitué, de plus belle, tous
les éléments de l'État autoritaire, et que nous appel-
lions cette machine *commune révolutionnaire organi-*
sée de bas en haut, il importe peu. Le nom ne change
rien à l'affaire (2) ». A la tête de cette association se
trouvaient des initiateurs contre lesquels éclate surtout la colère de Marx : « Dire que les cent frères
internationaux doivent servir d'intermédiaires entre
l'idée révolutionnaire et les instincts populaires, c'est
creuser un abîme infranchissable entre l'idée révolutionnaire et les instincts prolétaires ; c'est proclamer
l'impossibilité de recruter ces cent gardes ailleurs

(1) *L'Alliance de la démocratie*, p. 11.
(2) *L'Alliance de la démocratie*, p. 14.

que dans les classes privilégiées ». Ainsi un état-major de bourgeois révolutionnaires, qui travaillent sur les idées et disent au peuple ce qu'il doit penser ; — et l'armée populaire qui demeure, selon l'expression de Marx, *la chair à canon* (1).

C'est surtout contre les « alliancistes » italiens que l'on trouve des reproches violents ; Bakounine s'étant félicité, dans une lettre du 5 avril 1872, de ce qu'il existait en Italie « une jeunesse ardente, énergique, sans carrière, sans issue, qui se jetait à corps perdu dans le socialisme révolutionnaire », Marx faisait à ce sujet les remarques suivantes : « Toutes les prétendues sections de l'Internationale italienne sont conduites par des avocats sans causes, des médecins sans malades et sans science, des étudiants de billard, des commis-voyageurs et autres employés de commerce, et principalement des journalistes de la petite presse... C'est en s'emparant des postes officiels des sections que l'Alliance parvient à forcer les ouvriers italiens de passer par les mains de déclassés alliancistes qui, dans l'Internationale, retrouveraient une carrière et une issue (2) ».

Il est difficile de montrer plus de répugnance pour l'invasion des organisations prolétariennes par des intellectuels qui y apportent les mœurs des *machines politiques*. Marx voit très bien qu'une telle manière de procéder ne peut conduire à l'émancipation du monde des producteurs ; comment ceux-ci pourraient-ils posséder la capacité nécessaire pour diriger l'industrie, s'ils sont obligés de se mettre sous la tutelle de politiciens pour s'organiser ? Il y a là une absurdité qui ne pouvait manquer de paraître révoltante à Marx.

(1) *L'Alliance de la démocratie*, p. 15.
(2) *L'Alliance de la démocratie*, pp. 48-49.

c) Bernstein n'a probablement pas tort lorsqu'il estime que Marx avait été conduit à se montrer sympathique au blanquisme par suite de la ressemblance qu'il croyait apercevoir entre la révolution blanquiste et le changement brusque que la dialectique hégélienne l'avait amené à concevoir dans l'histoire prochaine (1) ; mais Bernstein se trompe lorsqu'il croit qu'il y a une analogie fondamentale entre les idées blanquistes et les conceptions déduites par Marx de l'hégélianisme ; il n'y a eu qu'une analogie accidentelle tenant à la tournure que prirent les événements en 1848. A cette époque on plagiait tant que l'on pouvait la Révolution, et plus tard Marx devait traiter de farce cette imitation des hommes de 93. Les blanquistes, qui étaient très faiblement pourvus d'idées, ne voyaient aucune difficulté à procéder comme au temps de la Terreur : mesures dictatoriales en faveur des pauvres, proscriptions et bouleversements si rapides que tout retour offensif des adversaires exigeât une contre-révolution aussi sanglante que la révolution aurait pu l'être. Le blanquisme savait qu'il n'avait pas beaucoup d'influence dans le pays ; il devait donc avoir un programme de révolution concentrée et il voulait faire un saut dans une ère nouvelle, avec autant de facilité qu'on fait succéder deux contraires dans la dialectique hégélienne.

Le blanquisme n'était pas nécessairement attaché à l'idée d'une révolution absolue ; il a dû, comme tous les partis, prendre une attitude variable, suivant ses intérêts politiques. Le jour où il fut certain qu'en France l'appui d'un député socialiste révolutionnaire était utile (2), le parti blanquiste ne méprisa pas les

(1) BERNSTEIN, *op. cit.*, p. 49.

(2) On peut lire, par exemple, dans le *Cri de Paris* du

moyens d'influence qu'il pouvait tirer de ses relations avec le gouvernement (1).

La manière de concevoir la révolution que Marx avait été conduit à se former en vertu de la dialectique hégélienne, rend impossible cette évolution que le blanquisme a subie, comme doit la subir tout parti politique. Bernstein s'attaque beaucoup à cette dialectique hégélienne, parce qu'elle concentre la révolution dans un seul acte, ce qui lui semble peu compatible avec les nécessités de la vie politique dans nos pays modernes. S'il avait été au fond des choses, il aurait reconnu quelque chose de plus important encore : c'est que son maître a toujours conçu la révolution sous une forme mythique et que, par suite, l'accord entre le marxisme et le blanquisme était tout apparent. Le premier parle d'un bouleversement idéal, qu'il exprime en images, tandis que le second parle d'un changement qu'il entend diriger en raison des circonstances qui se présentent.

L'avant-dernier chapitre du premier volume du *Capital* ne peut laisser aucun doute sur la pensée intime de Marx ; celui-ci représente la tendance générale du capitalisme au moyen de formules qui seraient, très souvent, fort contestables, si on les appliquait à la lettre aux phénomènes actuels ; on pourrait dire et on a dit que les espérances révolutionnaires du marxisme étaient vaines puisque les traits du tableau avaient perdu de leur réalité. On a versé infiniment

15 septembre 1907, une amusante critique des socialistes qui profitent des avantages du pouvoir, tout en prétendant garder toute leur indépendance ; le journal assure que les milieux socialistes les plus colorés fournissent beaucoup d'attachés aux cabinets des ministres.

(1) Il ne s'agit pas ici d'une critique adressée aux personnes, mais de la constatation d'une nécessité inéluctable, dérivant du régime parlementaire.

d'encre à propos de cette catastrophe finale qui devrait éclater à la suite d'une révolte des travailleurs. Il ne faut pas prendre ce texte à la lettre ; nous sommes en présence de ce que j'ai appelé un *mythe social* ; nous avons une esquisse fortement colorée qui donne une idée très claire du changement, mais dont aucun détail ne saurait être discuté comme un fait historique prévisible (1).

En cherchant comment les esprits se sont toujours préparés aux révolutions, il est facile de reconnaître que toujours ils ont eu recours à des mythes sociaux, dont les formules ont varié suivant les temps. Notre époque exige une littérature plus sobre que celle dont on usait autrefois, et Marx a eu le mérite de débarrasser son mythe révolutionnaire de toutes les fantasmagories qui ont trop souvent fait chercher un pays de Cocagne.

Le mythe ne se prête point à une décomposition du changement en tranches successives, dont il soit possible de faire une série et qui, étant étalées sur un long espace de temps, puissent être regardées comme formant une évolution. Cette transformation est nécessaire dans toute action conduite par un parti politique et elle s'est opérée partout où les socialistes sont entrés dans les parlements ; elle est impossible avec le mythe marxiste qui donne la révolution en bloc, comme un tout indivisé (2).

(1) Cf. *Introduction à l'économie moderne*, pp. 375-377.

(2) Cf. la lettre à Daniel Halévy dans le *Mouvement Socialiste* d'août-septembre 1907 et dans les *Réflexions sur la violence*, auxquelles elle sert de préface.

VI

Renaissance de l'idée révolutionnaire : rôle de F. Pelloutier. — Réaction du syndicalisme sur les marxistes. — Épuration du marxisme. — Grève générale. — La démocratie et le trade-unionisme protégé. — Impossibilité de prévoir l'avenir. — Les renaissances.

L'analyse précédente nous conduit à reconnaître que le marxisme ne saurait se transformer comme le pensait Bernstein : on ne pourrait le concilier avec une théorie de l'organisation industrielle et politique, non plus qu'avec une doctrine sur la justice, permettant de juger les chefs d'ateliers et d'États. Tout entier confiné dans une préparation du prolétariat révolutionnaire, il n'est pas apte à raisonner sur les maîtres de la société, dont les utopistes ne cessaient de s'occuper. On devrait dire de lui qu'il est une *philosophie des bras* et non une *philosophie des têtes* (1), car il n'a qu'une seule chose en vue : amener la classe ouvrière à comprendre que tout son avenir dépend de la notion de lutte de classe ; l'engager dans une voie où elle trouve les moyens, en s'organisant pour la lutte, de se mettre en état de se passer de maîtres ; lui persuader qu'elle ne doit point prendre d'exemples dans la bourgeoisie. D'autre part, le marxisme ne saurait se confondre avec des partis politiques, si révolutionnaires fussent-ils, parce que ceux-ci sont obligés de fonctionner comme les partis bourgeois, modifiant leur attitude suivant les besoins qu'imposent les circonstances électorales et faisant, au besoin, des compromis avec d'autres

(1) J'ai appelé l'attention sur ce point dans les *Insegnamenti sociali*.

groupes qui ont des clientèles électorales analogues, alors qu'il demeure invariablement attaché à la considération d'une révolution absolue.

On aurait pu penser, il y a quelques annés, que les temps du marxisme étaient passés et qu'il devait prendre rang, comme beaucoup d'autres doctrines philosophiques, dans la nécropole des dieux morts ; seul, un accident historique pouvait lui rendre la vie ; il fallait pour cela que le prolétariat s'organisât avec des intentions nettement révolutionnaires, c'est-à-dire en se tenant complètement en dehors de la bourgeoisie.

Diverses circonstances conduisirent quelques hommes qui avaient vu de près les manières de procéder des politiciens, à tenter un effort dans ce sens ; il est extrêmement remarquable qu'ils ne connaissaient le marxisme que d'une manière fort superficielle ; ils avaient lu sans doute les brochures et les journaux guesdites dans lesquels ils n'avaient rien trouvé qui pût leur donner satisfaction ; les formules dans lesquelles on résumait le marxisme en France leur semblaient inutiles, fausses ou susceptibles d'embrouiller les idées.

L'un des propagandistes du syndicalisme révolutionnaire et anti-politicien fut Fernand Pelloutier, sur le mérite duquel on ne saurait trop insister. « Enlevé à la fleur de l'âge par une maladie atroce et mort dans des conditions voisines de la misère, ai-je dit ailleurs (1), Pelloutier n'a donné dans ses écrits qu'une faible idée de ce qu'il aurait pu produire ; mais quand viendra l'heure de la justice historique, on rendra hommage aux entreprises si importantes qu'il avait commencées ; et ce grand socialiste sera

_____

(1) *Insegnamenti sociali,* pp. 53-54.

illustre, alors qu'on aura, depuis longtemps, oublié
ceux qui tiennent le premier rang dans nos parlements
et qui représentent le socialisme aux yeux des bourgeois émerveillés. » (1).

Pelloutier avait un sens très net de la nécessité qui
s'impose de fonder le socialisme sur une absolue
séparation des classes et sur l'abandon de toute espérance d'une rénovation politique ; il voyait dans les
Bourses du travail l'organisation la plus complète des
tendances révolutionnaires du prolétariat ; il conviait,
en 1900, tous les gens qui ne voulaient pas s'enrégi-
menter dans le « parti » à « poursuivre plus méthodi-
quement que jamais l'œuvre d'éducation morale,
administrative et technique nécessaire pour rendre
viable une société d'hommes libres ». Il faut, disait-il
dans la même brochure, « prouver expérimentalement
à la foule ouvrière, au sein de ses propres institutions,
qu'un gouvernement de soi par soi-même est possible,
et aussi l'armer, en l'instruisant de la nécessité de la
révolution, contre les suggestions énervantes du
capitalisme » (2).

En suivant de près cette organisation du syndicalisme révolutionnaire et adversaire des politiciens,
quelques hommes, qui avaient longuement réfléchi
sur le marxisme, s'aperçurent que le nouveau mouvement offrait de singulières analogies avec certaines
parties de la doctrine de leur maître ; ils constataient

---

(1) Pelloutier a ainsi défini le rôle des militants, tel qu'il le
pratiqua : « Purs de toute ambition, prodigues de nos forces,
prêts à payer de nos personnes sur tous les champs de
bataille, et, après avoir rossé la police, bafoué l'armée,
reprenant, impassibles, la besogne syndicale, obscure, mais
féconde. » (*Le Congrès général du Parti socialiste français,*
p. VII).

(2) F. PELLOUTIER, *op. cit.*, p. VIII.

aussi que les chefs des partis socialistes ne savaient dire sur ces questions que des choses d'une faiblesse vraiment désespérante. On avait jusque-là revendiqué pour le marxisme l'intelligence de la préparation révolutionnaire du prolétariat (1) ; et il se trouvait que les docteurs étaient désorientés devant une organisation conçue suivant le principe de la lutte de classe, entendue d'une manière stricte. Pour se tirer d'embarras, ces docteurs dénonçaient avec indignation un retour offensif de l'anarchisme, parce que beaucoup d'anarchistes étaient entrés, sur les conseils de Pelloutier, dans les syndicats et dans les Bourses du travail ; mais les mots importent peu à celui qui veut aller au fond des choses ; le culte des étiquettes est bon pour les parlementaires.

La *nouvelle école* ne put acquérir que lentement une claire idée de son indépendance par rapport aux anciens partis socialistes ; elle ne prétendait pas former un nouveau parti, venant disputer aux autres leur clientèle ouvrière ; son ambition était tout autre, c'était de comprendre la nature d'un mouvement qui semblait inintelligible pour tout le monde. Elle procéda tout autrement que ne faisait Bernstein ; elle rejeta peu à peu toutes les formules qui provenaient soit de l'utopisme, soit du blanquisme ; elle purgea ainsi le marxisme traditionnel de tout ce qui n'était pas spécifiquement marxiste, et elle n'entendit garder que ce qui était, suivant elle, le noyau de la doctrine, ce qui assure la gloire de Marx.

Les auteurs qui avaient critiqué Marx lui avaient souvent reproché d'avoir parlé un langage plein d'images qui ne leur semblait point convenir à une

____

(1) Antonio LABRIOLA. *Essais sur la conception matérialiste de l'histoire*, première édition, pp. 40-41.

recherche ayant la prétention d'être scientifique. Ce sont les parties symboliques, regardées jadis comme ayant une valeur douteuse, qui représentent, au contraire, la valeur de l'œuvre. Nous savons aujourd'hui, par l'enseignement de Bergson, que le mouvement s'exprime surtout au moyen d'images, que les formules mythiques sont celles dans lesquelles s'enveloppe la pensée fondamentale d'un philosophe, et que la métaphysique ne saurait se servir du langage qui convient à la science. D'autre part, c'est en recourant à ces parties longtemps négligées que la *nouvelle école* a pu arriver à une intelligence complète du syndicalisme révolutionnaire.

La catastrophe — qui était la grande pierre de scandale pour les socialistes qui voulaient mettre le marxisme en accord avec la pratique des hommes politiques de la démocratie — se trouve correspondre parfaitement à la grève générale qui, pour les syndicalistes révolutionnaires, représente l'avènement du monde futur. On ne peut pas accuser ceux-ci d'avoir été trompés par la dialectique hégélienne et, comme ils repoussent la direction des politiciens, même des plus avancés, ils ne sont pas non plus des imitateurs du blanquisme. Nous sommes ainsi amenés, par l'observation des faits qui se manifestent dans le prolétariat, à comprendre la valeur des images employées par Marx, et celles-ci à leur tour nous permettent de mieux apprécier la portée du mouvement ouvrier.

De même la notion de lutte de classe était demeurée assez vague tant qu'on n'avait pas eu sous les yeux des organisations ouvrières conçues comme les concevait Pelloutier, des organisations de producteurs qui font leurs affaires eux-mêmes, sans avoir besoin d'avoir recours aux lumières que possèdent les représentants des idéologies bourgeoises. Dans la brochure que j'ai déjà citée, Pelloutier exposait ainsi la situation de ses amis : « Proscrits du Parti, parce que, non moins révolutionnaires que Vaillant et que Guesde, aussi résolument partisans de la suppression de la propriété individuelle, nous sommes en outre ce qu'ils ne sont pas, des révoltés de toutes les heures, des hommes sans dieu, sans maître et sans patrie, les ennemis irréconciliables de tout despotisme, moral ou matériel, individuel ou collectif, c'est-à-dire des lois et des dictatures, y compris celle du prolétariat (1). » Des gens qui sont animés de tels sentiments, ne peuvent faire autrement que de mettre en pratique, sous la forme rigoureuse, la doctrine de la lutte de classe.

Les efforts que le gouvernement français, après l'affaire Dreyfus, a faits pour se concilier les bonnes grâces des hommes les plus marquants du monde ouvrier, ont beaucoup contribué à éclairer la nature des rapports qui existent entre le socialisme et la démocratie. Etant donné qu'aujourd'hui la mode est à l'évolution, il était impossible qu'on ne considérât pas la démocratie comme une étape entre la société aristocratique de l'Ancien Régime et le socialisme : nobles, bourgeois, petits bourgeois, ouvriers ; l'échelle descendante des fortunes devait correspondre à un mouvement vers le gouvernement des plus pauvres. Marx croyait que le régime démocratique offre cet avantage que l'attention des ouvriers n'étant plus attirée par des luttes contre la royauté ou l'aristocratie, la notion de lutte de classe devient alors beaucoup plus facile à entendre. L'expérience nous apprend, au contraire, que la démocratie peut

(1) PELLOUTIER, *op. cit.*, p. VII.

travailler efficacement à empêcher le progrès du
socialisme, en orientant la pensée ouvrière vers un
trade-unionisme protégé par le gouvernement. Depuis que nous avons sous les yeux les deux formes
opposées de l'organisation syndicale, ce danger de la
démocratie apparaît très clairement.

On est ainsi amené à regarder avec méfiance les
révolutions politiques ; elles ne sont pas possibles
sans que le parti qui triomphe ait derrière lui des
masses ouvrières organisées ; une campagne menée
en commun contre le pouvoir noue des relations qui
peuvent préparer une évolution du syndicalisme vers
le trade-unionisme protégé. Les catholiques font les
plus grands efforts pour grouper des ouvriers dans
des syndicats auxquels ils promettent monts et mer-
veilles, dans l'espérance de faire peur aux politiciens
radicaux et de sauver l'Église. L'affaire Dreyfus peut
être comparée fort bien à une révolution politique, et
elle aurait eu pour résultat une complète déformation
du socialisme, si l'entrée de beaucoup d'anarchistes
dans les syndicats n'avait, à cette époque, orienté
ceux-ci dans la voie du syndicalisme révolutionnaire
et renforcé la notion de lutte de classe.

Il ne faut pas espérer que le mouvement révolutionnaire puisse jamais suivre une direction convena-
blement déterminée par avance, qu'il puisse être
conduit suivant un plan savant comme la conquête
d'un pays, qu'il puisse être étudié scientifiquement
autrement que dans son présent. Tout en lui est im-
prévisible (1). Aussi ne faut-il pas, comme ont fait

(1) Une des plus grosses illusions des utopistes a été de
croire qu'on peut déduire le schéma de l'avenir quand on
connaît bien le présent. Contre une telle illusion, voir ce
que dit BERGSON dans l'*Évolution créatrice*, notamment pp. 17,
57, 369.

tant de fois les anciens théoriciens du socialisme, s'insurger contre les faits qui semblent être de nature à éloigner le jour de la victoire.

Il faut s'attendre à rencontrer beaucoup de déviations qui sembleront remettre tout en question ; il y aura des temps où l'on croira perdre tout ce qui avait été regardé comme définitivement acquis ; le trade-unionisme pourra paraître triompher même à certains moments. C'est justement en raison de ce caractère du nouveau mouvement révolutionnaire qu'il faut se garder de donner des formules autres que des formules mythiques : le découragement pourrait résulter de la désillusion produite par la disproportion qui existe entre l'état réel et l'état attendu ; l'expérience nous montre que beaucoup d'excellents socialistes furent ainsi amenés à abandonner leur parti.

Lorsque le découragement vient pour nous surprendre, rappelons-nous l'histoire de l'Église, histoire étonnante, qui déroute tous les raisonnements des politiques, des érudits et des philosophes, que l'on pourrait croire parfois conduite par un génie ironiste qui se plairait à accumuler l'absurde, dans laquelle le développement des institutions a été traversé par mille accidents. Maintes fois les gens les plus réfléchis ont pu dire que la disparition n'était plus qu'une question de quelques années ; et cependant les agonies apparentes étaient suivies de rajeunissement.

Les apologistes du catholicisme ont été si frappés de l'incohérence que présente cette histoire qu'ils ont prétendu qu'on ne saurait l'expliquer sans faire intervenir les desseins mystérieux de la Providence. Je vois les choses sous un aspect plus simple ; je vois que l'Église s'est sauvée malgré les fautes des chefs, grâce à des organisations spontanées ; à chaque rajeunissement se sont constitués de nouvel ordre religieux qui ont soutenu l'édifice en ruines, et même l'ont relevé (1). Ce rôle des moines n'est pas sans analogies avec celui des syndicats révolutionnaires qui sauvent le socialisme ; les déviations vers le trade-unionisme, qui sont la menace toujours redoutable pour le socialisme, rappellent ces relâchements des règles monastiques qui finissent par faire disparaître la séparation que les fondateurs avaient voulu établir entre leurs disciples et le monde.

La prodigieuse expérience que nous offre l'histoire de l'Eglise est bien de nature à encourager ceux qui fondent de grandes espérances sur le syndicalisme révolutionnaire et qui conseillent aux ouvriers de ne rechercher aucune alliance savamment politique avec les partis bourgeois, — car l'Eglise a plus profité des efforts qui tendaient à la séparer du monde que des alliances conclues entre les papes et les princes.

(1) C'est une conception de l'activité des premiers franciscains qui a été très populaire au Moyen-âge.

Imprimerie Coopérative Ouvrière   Villeneuve-St-Georges (S.-et-O.)

www.ingramcontent.com/pod-product-compliance
Ingram Content Group UK Ltd.
Pitfield, Milton Keynes, MK11 3LW, UK
UKHW021116140726
13695UKWH00004B/1534